本著作是2019年河北省线上线下混合式一流课程"旅游地理学"建设项目的阶段性成果，并得到2024年省级研究生专业学位教学案例(库)建设项目资助

基于深度学习的旅游类一流课程教学 研究与实践

杨会娟　崔佳 / 著

知识产权出版社
全国百佳图书出版单位
—北京—

图书在版编目（CIP）数据

基于深度学习的旅游类一流课程教学研究与实践/杨会娟，崔佳著 . —北京：知识产权出版社，2024.8. —ISBN 978-7-5130-9483-2

Ⅰ．F590

中国国家版本馆 CIP 数据核字第 2024GT6564 号

内容提要

本书首先探讨了深度学习与一流课程建设的关系，梳理了支撑一流课程达成深度学习目标的理论方法；在此基础上研究了指向深度学习的一流课程教学设计，包括教学目标、教学方法、教学组织、教学评价。在课程中实现深度学习的关键是课程目标的提升，研究给出了如何在课程中实现专创融合和提升数字素养的建议；以"旅游地理学"和"旅行社管理"两门旅游类课程为例展示深度学习的具体教学设计。

责任编辑：张水华	责任校对：谷 洋
封面设计：商 宓	责任印制：孙婷婷

基于深度学习的旅游类一流课程教学研究与实践

杨会娟 崔 佳 著

出版发行：知识产权出版社 有限责任公司	网　　址：http://www.ipph.cn
社　　址：北京市海淀区气象路 50 号院	邮　　编：100081
责编电话：010-82000860 转 8389	责编邮箱：46816202@qq.com
发行电话：010-82000860 转 8101/8102	发行传真：010-82000893/82005070/82000270
印　　刷：北京建宏印刷有限公司	经　　销：新华书店、各大网上书店及相关专业书店
开　　本：720mm×1000mm 1/16	印　　张：10.75
版　　次：2024 年 8 月第 1 版	印　　次：2024 年 8 月第 1 次印刷
字　　数：179 千字	定　　价：79.00 元

ISBN 978-7-5130-9483-2

序

　　教学不应该被看作传递知识的简单技艺，它是教师在深刻掌握教育教学规律、全面把握课程内容基础上，以课程教学目标和课程目标为导向，以教学活动中产生的问题为对象，进行不断的研究、反思和改进的过程，是一种学术活动，这个过程是在实践中完成的。

　　2010年，也是我入职第3年，我对讲课内容逐渐得心应手，却在一次与学生的聊天中遭受重创，我忘记了具体场景，只记得学生说，"老师，我觉得在您的课上能学到东西"。我很开心地继续问她："那你还记得什么内容？"她却不好意思地说，"我现在也只记得几个零星的概念"。自认为给予了汪洋大海、学生却颗粒无收的巨大反差，让当时的我非常震惊。震惊之余开始反思，我的课程到底给学生留下了什么？我把知识讲得再生动有趣、深入浅出，学生当时会理解，如果不应用，也仅仅是知识，百度一下很容易获得。经过思考与阅读，我逐渐认识到，相比知识传递，对学生批判性思维的训练和思考能力的培养，是更核心的问题，否则所有的知识必然无法参与他们的个体成长，也无法在具体的生命实践中达到活学活用的目标。于是，我开始了长时间的教学探索。

2011 年，我开始在"旅游地理学"课程中尝试探究式教学；2013 年，该课程增加 1 周分散实习，以开展实践教学；2016 年，使用自己搭建的简易录音棚将该课程的 18 个微课视频录制完成，为翻转课堂教学提供了基础。同时为应对"视频已经完成了知识点的讲解，上课讲什么"的问题，开始了课堂教学内容的第一次改革。这次改革将课堂教学内容重点放在重难点知识的讲解、案例讲解、理论拓展、探究式教学等方面。2020 年，开始对教学内容进行第二次改革，增加大数据教学内容，在探究式教学中指导学生用大数据开展研究。我的教学研究起源于教学实践和学习需求，通过教学反思，不断学习教学理论、改进教学设计，部分学术研究也围绕课程内容开展，以增加课程内容深度。我逐渐感受到在一门课程的改革中投入的精力足以完成一个科研项目，而且没有止境，也很难说自己已经做得足够好。

其间周围很少有教师开展教学研究，一段时间内我这样做还是比较孤独的。一直到"一流课程"的提出，课程建设才真正得到教师的普遍关注。以上是我的微观感受，教学专家对当前高等教育的反思会更加宏观和深刻。人才培养是大学声誉的源泉，大学的主要职责是人才培养，其他职责都衍生于此，重视本科教育已经达成共识。然而，当今世界的高等教育领域四大排行榜反映本科教育的指标很少，基本上是科研成果排行榜，加上教学工作质量难以显性化和量化，因此科研人才备受宠爱，教学和人才培养被冷落或轻视。

教师和医生这两个职业经常被相提并论，一个育人，一个治病，但相比较"人是如何病的"，对于"人是如何学会的"更缺乏了解。经过研究发现，教学与课程方面流派众多、众说纷纭，教学所依据的心理学和神经科学等学科的研究还很薄弱。在人工智能时代，"人类学什么、怎么学才不会被人工智能取代或掌握"这个问题的重要性日益凸显。但是"人类如何学习、思考和创造"，教育科学还不能完全满足教师指导教学的要求，在这种情况下，更需要教师对教学工作全身心的投入，遵循"科学"开展课程教学。应该说任何一种教学方法和方式，甚至包括基本的讲授、课堂提问、组织讨论、布置作业，都是"理论、技术和经验的集成"，都需要经过刻意学习和打磨。与此同时，教学管理部门应高度重视教学所具有的专业性和学术性，给真正投身教学的教师以足够的尊重。

医者仁心，教者丹心。

希望此书能够为从事高等教育的非师范类教师，尤其是初入行业者提供帮助。

崔佳撰写第 1 章第 1 节部分内容，以及第 3 节，共计 2.9 万字；杨会娟撰写其他章节，共计 15 万字。

杨会娟

2024 年 1 月

目 录

深度学习与一流课程建设

第一节　相关理论和概念

一、深度学习

学习具有高起点性，认识"学习"的正确角度应该是：无需经历漫长曲折的摸索试错，不用在实践经验中积累经验教训，就能直接面对人类的知识成果。学生学习的不是客观事物本身，而是反映客观事物及其联系的抽象的符号及符号系统。学生在学习过程中，需要理解符合表述的逻辑，将符号和客观事物建立关系，依次掌握客观事物及其内部联系，以及来龙去脉。这个过程让学习这项活动变得复杂。这时候，特别容易将知识传递作为教学目的。

在相当长的时期里，"教学即传递"成为人们对教学的定位，由教师将人类的知识成果传授给学生，这种认识在教学实践中被广泛、持续且扎实的认可。越来越多的人也认为，教学不仅要帮助学生很好地、有效率地承继人类认识成果，而且要在这个过程中能够学习到人类认识过程中的思想的、行为的、判断力的精华，并能够有正确价值观、有担当，成为未来社会实践的主人。

美国当代著名心理学家布鲁姆（B. S. Bloom）将认知过程由基础到高阶分为六个层次：记忆、理解、应用、分析、评价和创造。当前的课堂教学中，教师的大部分教学时间仍然停留在如何帮助学生实现对知识的记忆、复述或是简单描述，即浅层学习活动。而关注知识的综合应用和问题的创造性解决的"应用、分析、评价和创造"等高阶思维活动实现程度不高。深度学习理论研究者正是基于对孤立记忆与机械式问题解决方式进行批判的基础上，提出教师应该将高阶思维能力的发展作为教学目标之一并伴随课堂教学的始终。信息技术正以远超社会发展的速度发展，这要求人类的学习、认知方式必须要有革命性的提升。因此，作为提升人类认知的有效学习方式，深度学习得到越来越多人的认可。

（一）深度学习的起源和发展

20世纪50年代中期，美国学者马顿（F. Marton）和萨尔乔（R. Saljo）开展了一系列对学习过程的实验研究，并在1976年联名发表的《学习的本质区别：结果和过程》一文中，根据学习者获取和加工信息的方式将学习者分为深度水平加工者和浅层水平加工者，首次提出并阐述了"surface-level processing"和"deep-level processing"这两个相对的概念，同时指出浅层学习过程认知水平较低，是低级认知技能的获得，仅仅涉及低阶思维活动；深度学习过程处于高级认知水平，面向高级认知技能的获得，涉及高阶思维。但深度学习并没有得到广泛的关注，只有少数学者开始致力于深度学习的研究，如澳大利亚学者比格斯（J. Biggs）团队，发表了深度学习的系列论文，主要成果包括深度/浅表学习策略与动机的SPQ学习过程量表（Biggs，1978）[1] 和测量深度学习结果的SOLO层级评估体系（Biggs & Collis，1982）[2]。比格斯通过研究发现，学生的学习方式与学习动机、学习策略紧密相关。学习动机决定学习的总体方向，而学习策略则帮助实现学习的总体目标。根据学习动机和学习策略的不同，可以将学生的学习分为表层式学习方式（surface approach）和深层式学习方式（deep approach）。"表层"和"深层"的学习方式是决定学习质量的重要一环，虽然有多种因素影响学生学习结果，但主要的影响因素

---

① Biggs J B. Individual and Group Differences in Study Processes ［J］. British Journal of Educational Psychology，1978，48（3）：266-279.

② Biggs J B，Collis K F. Evaluating the Quality of Learning：The SOLO Taxonomy ［M］. New York：Academic，1982.

是学习方式。可以看出，这个时期的研究还主要将深度学习理解为学习过程
或者学习方式。

按照李艺团队的研究，深度学习（deep learning）这一术语在 20 世纪 90
年代以后才逐步被使用（殷常鸿等，2019）[①]，最早使用该术语的学者是班兹
（V. M. Bentz）。她将"深度学习"定义为一种集智慧、情感、技能、心理、
个人和社会经验为一体的能力，这种能力能够迁移和分享，且具有积极的活
力和提升空间。[②] 进入 21 世纪后，国际组织致力于探究未来对人才的需求，
因此各类人才素养框架涌现。2004 年，美国教育传播与技术协会（Association
for Educational Communications and Technology，AECT）修订了教育技术的定
义，将促进深度学习作为教育技术的重要目标。2013 年，美国休利特基金会
（Hewlett Foundation）发表"深度学习竞争力（deeper learning competencies）"
专题文章，指出深度学习能力是在未来工作和生活中取得成功必备技能与知
识的总称，提出了包含掌握核心学术内容、批判性思维与复杂问题解决、协
同工作、有效沟通、学会学习和学术心志 6 个要素的深度学习能力框架。[③] 美
国研究委员会负责的深度学习项目（Study of Deeper Learning：Opportunities
and Outcomes，SDL）研究成果和《2015 地平线报告》认为，深度学习重在迁
移能力的培养。[④] 这些框架中对深度学习能力的重视引起广泛的关注。加拿大
教育改革家富兰（M. Fullan）将深度学习能力从技能维度拓展到了培养高素
质公民的广阔视域，在 2018 年出版的《深度学习：融入世界，改变世界》
（*Deep Learning：Engage the World, Change the World*）一书中，把深度学习能
力的核心维度定义为品格塑造、公民责任感、团队协作、有效沟通、批判性

---

① 殷常鸿，张义兵，高伟，等. "皮亚杰—比格斯" 深度学习评价模型构建 [J]. 电化教育研
究，2019，40（7）：13-20.

② Bentz V M. Deep Learning Groups：Combining Emotional and Intellectual Learning [J]. Clinical So-
ciology Review，1992，10（1）：71-89.

③ Willam and Flora Hewlett Foundation. Deeper Learning Competencies [EB/OL]. [2023-03-23].
http://www.hewlett.org/wpcontent/uploads/2016/08/Deeper_Learning_Defined_April_2013.pdf.

④ National Research Council. Education for Life and Work：Developing Transferable Knowledge and
Skills in the 21st Century [R]. Washington，DC：National Academies Press，2012.

思维和创新力。[①] 从表 1-1 可以看出,深度学习的定义从关注学习方式和过程,转向关注学习结果及学习者应具有的能力。

表 1-1 深度学习定义列举

年份	提出学者	深度学习的定义
1976	Marton, Saljö	深度学习是相对于浅层学习的一种全新的学习方式
1997	Beattie, Collins	深度学习主要表现为对学习内容的批判性理解,并且与先前知识和经验建立连接,关注事物、理论之间逻辑关系和证据,因此深度学习方式意味着学生为了理解而学习
2003	Frances Slack, Martin Beer[②]	激发反思是深度学习的重要环节,因为反思过程包括联想、整合、验证等,以此达到综合的目的
2003	Keyin Warburton	深度学习是一种从学习材料和学习经历中提取意义和理解的关键策略,即能洞悉其材料和精力背后的逻辑和含义
2004	Houghton	深度学习是对新观点的批判性分析,通过连接旧知识达到理解的目的,可以在新环境中解决未知问题
2008	Eric Jensen, Leann Nickelsen[③]	深度学习需要基于完整的学习路线,并且要遵循一定的要求和规则
2013	美国研究委员会	深度学习是一种帮助学生能够将从某一特定情景中所学的知识和技能应用到新的情景中的学习过程(即迁移)
2015	《2015 地平线报告(基础教育版)》	深度学习是指向学生传递可以应用到未来情景中的核心学习内容

随着 AECT 2004 教育技术新定义在国内教育技术领域的传播,深度学习也开始得到国内教育技术研究者的关注。何玲和黎加厚(2005)指出,深度学习是指学习者在深入理解的基础上,能够批判地吸收新思想和事实,并将它们融入自己原有的认知框架中,这要求学习者能够洞察各种事实和思想的

---

① Fullan M, Quinn J, Mceachen J. Deep Learning: Engage the World, Change the World [M]. Thousand Oaks: Corwin Press, 2018.

② Slack F, Beer M, Armitt G, et al. Assessment and Learning Outcomes: the Evaluation of Deep Learning in an On-line Course [J]. Journal of Information Technology Education: Research, 2003, 2 (1): 305-317.

③ Jensen E, Nickelsen L. 深度学习的 7 种有力策略 [M]. 温暖,译. 上海:华东师范大学出版社, 2010.

联系，并能够将已有的知识灵活应用于新情境，从而做出有效决策以解决复杂问题。① 段金菊和余胜泉认为深度学习强调反思、元认知等高水平思维，不仅要重视知识的广度，还应重视知识的深度。② 郭华认为，深度学习的研究与实践，解释了学生个体经验与人类历史文化的紧密联系，在教学活动中强调了学生的主体地位，学生通过模拟性地"参与"人类社会历史实践，得以形成有助于未来发展的核心素养，而教师的作用与价值也在深度学习中得以充分体现，实现教与学的共赢。③ 崔允漷认为，深度学习是在复杂的环境下，表现出高度投入、高度认知参与并获得意义的学习。④ 研究对深度学习的认识不断加深和全面。

我国相关政策文件中，教育部 2010 年出台的《国家中长期教育改革和发展规划纲要（2010—2020 年）》提出教育教学要注重培养学生的自主学习能力，激发学习的主动性、独立性，丰富学习体验性，培养发现和解决问题的能力。这些目标与深度学习的研究与追求不谋而合，彰显了深度学习的核心理念。2016 年《中国学生发展核心素养》的发布更是引发了国内深度学习的研究热潮，深度学习引起了学术界乃至广大群众的普遍关注，中文期刊发文量开始逐年增加。

（二）深度学习特征

张浩和吴秀娟对深度学习与浅层学习进行了全面的对比研究，涵盖了记忆方式、知识体系、关注焦点、学习动机、学习投入程度、反思状态、思维层次和学习结果的迁移能力等诸多方面。⑤ 他们认为深度学习具有五大特征，即注重批判理解、强调信息整合、促进知识建构、着意迁移应用、面向问题解决，同时提倡终身学习，这些特征之间相互促进，共同构成了深度学习的

---

① 何玲，黎加厚. 促进学生深度学习 [J]. 计算机教与学，2005（5）：29-30.

② 段金菊，余胜泉. 学习科学视域下的 e-Learning 深度学习研究 [J]. 远程教育杂志，2013，31（4）：43-51.

③ 郭华. 深度学习及其意义 [J]. 课程·教材·教法，2016（11）：8.

④ 崔允漷. 指向深度学习的学历案 [J]. 人民教育，2017（20）：6.

⑤ 张浩，吴秀娟. 深度学习的内涵及认知理论基础探析 [J]. 中国电化教育，2012（10）：7-11，21.

核心理念。见表1-2。

表1-2 深度学习和浅层学习的比较

	深度学习	浅层学习
记忆方式	强调在深入理解的基础上进行记忆	机械记忆
知识体系	能建立新知识和原有知识之间的联系，掌握非结构化知识	对知识点的加工是零散的、孤立的、暂时的，且都是概念、原理等结构化的浅层知识
关注焦点	关注解决问题所涉及的关键概念和核心论点	关注在解决问题时所需的公式和外在线索
投入程度	主动学习	被动学习
反思状态	在逐步加深理解的基础上，进行批判性思维的锻炼以及自我反思	学习过程中缺乏迁移运用和自我反思的环节
迁移能力	能把所学知识迁移应用到新的实践中	无法灵活运用所学知识迁移解决新问题
思维层次	高阶思维	低阶思维
学习动机	学习是基于对知识的内在需求	学习是因为外在压力

郭华认为，深度学习应满足五个指标。[1] 第一，联想与结构：实现经验与知识的相互转化，这是实现深度学习的基本问题；第二，活动与体验：这是深度学习的运行机制问题；第三，本质与变式：力主对学习对象进行深度加工；第四，迁移与应用：在教学活动中模拟社会实践，注重实用性；第五，价值与评价：着力于"人"的成长。张菊和郭永峰认为深度学习具备注重批判理解、强调信息整合、注重迁移应用、着意情感投入、重视终身学习五个特征。[2]

综上，深度学习的概念和特征虽然看起来不那么统一，但是大家逐渐达成了共识，深度学习并不是对人工智能科学中专有名词的简单搬运，也不是一种新的教学方法或者教学模式，而是鼓励教师在深入探讨教学规律的基础上，研究学生的学习规律，真正地帮助学生学习和成长。它的表现形式有很多种，但核心点是共同的：①高认知，深度学习的"深"不仅仅是学习方式的深、学习内容的深，还包括学习目标、学习成果的深，即学习者有运用高

---

① 郭华. 深度学习及其意义 [J]. 课程·教材·教法, 2016 (11): 8.
② 张菊, 郭永峰. 深度学习研究综述 [J]. 教学研究, 2021, 44 (3): 6.

阶思维能力对复杂知识和信息进行深度加工和处理的机会；②高投入，强调行为和情感的高投入，深度学习是学生感知觉、思维、情感、意志、价值观的全面参与、全面投入的活动；③高产出，深度学习注重知识的远迁移，深度学习的目的指向具体的、社会的人的全面发展。

（三）面向深度学习的教学

深度学习是教学中的学生学习，而不是一般的学习者的自学，因此深度学习仅依靠学生自己无法完成，需要教师主导，并且发展采用一系列有助于深度学习的教学方法、策略、技术支撑才能实现。研究认为，面向深度学习的教学主要表现在以下三点：

第一，深在依循教育教学规律。教学应该充分依据教育教学规律，并不是每节课、每个知识都要深度加工，而是根据教学规律有节奏地展开。

第二，深在触及心灵，它绝不只是浅的对立面，与人的心灵有关，无法被代替，尤其是学生的成长愿望、理性体验、情感色彩在不断升华、获得共鸣、得到肯定的时刻。大学教学的目的也不仅仅是帮助学生获得职业发展机会，而是培养一个有历史感、有责任感、有担当精神的人。

第三，深在着眼未来。有效的深度学习能够改变学习者看待世界的方式，而获取知识本身并不能给学习者带来如此的改变。①

二、一流课程

（一）课程

"课程"一词在我国始见于唐宋时期。唐朝孔颖达为《诗经·小雅·巧言》中"奕奕寝庙，君子作之"句作疏："以教护课程，必君子监之，乃得依法制也。"此处"课程"已含有学习的范围与进程的意思。这是"课程"

---

① Biggs J, Tang C. Teaching for Quality Learning at University［M］. 4th ed. London, England：SRHE and Open University Press，2011：19-22.

一词在汉语文献中的最早显露。宋代朱熹在《朱子全书·论学》中也多次提及"课程"，如"宽着期限，紧着课程"，"小立课程，大作工夫"等。其意思是功课及其进程。这里的"课程"仅仅指学习内容的安排次序和规定，没有涉及教学方面的要求。

在西方英语语境里，课程（curriculum）一词最早由英国教育家斯宾塞（H. Spencer）于1859年提及。该词语源于拉丁语"currere"，意为"跑道"，用作"一段教育的过程"的隐喻。基于这个词源，课程通常被定义为"学习的进程"，简称学程。这个解释在众多英文词典中被广泛采用，英国《牛津字典》、美国《韦伯字典》、《国际教育字典》都是这样解释的。到了近代，随着班级授课制的施行、赫尔巴特学派"五段教学法"的提出，人们开始关注教学的程序及设计，于是课程的含义从"学程"变成了"教程"。

由于不同的教育主张对课程的理解是不同的，因此至今没有一个关于课程概念的定论。课程现象的复杂性以及人们考察这一问题的多角度性和分析问题方法的多维性，使得到目前为止，尽管课程著作汗牛充栋，但课程的定义众说纷纭。这无疑给人们对课程的理解增加了一定难度。因此，美国学者斯考特（R. D. V. Scotter）曾经指出，课程是一个用得最为普遍却是定义最差的教育术语。可以把多种多样的课程定义大致归纳为四类。

（1）课程作为教学科目。在日常用语中，我们往往认为课程就是所学的科目，如数学、语文等，这与历史上"课程"的含义相吻合，我国古代的"六艺"（礼、乐、射、御、书、数）和欧洲中世纪的七艺（文法、修辞、辩证法、算术、几何、音乐、天文）多是以科目形式出现的课程。这里强调课程是学生学习的学科知识体系。这是最普遍的也是最常识化的课程定义。广义的课程指学生所学的全部学科课程，以及在教师指导下参与的各种活动的总和；狭义的课程是指一门学科或一类课程。

（2）课程是有计划的教学活动。这种课程定义把课程视为教学过程要达到的目标、教学的预期结果或教学的预先计划。主要是西方国家的课程专家持此观点。如课程论专家塔巴（H. Taba）认为，课程是学习的计划；奥利沃（P. Oliva）认为，课程是一组行为目标；约翰孙（M. Johson）认为，课程是一系列有组织、有意识的学习结果。这类定义将课程视为教学过程之前或教育情境之外的因素，并将课程目标、计划与课程过程、手段相分离，并单方面强调前者，这种观点还忽略了学习者的实际经验，无法充分发挥学习者的主体性和实践经验的价值。

（3）课程是预期的学习结果。所谓预期的学习结果，就是教学目标问题，在北美课程文献中，这一定义比较普遍。他们认为，课程是教育者试图实现的一组教学目标，或者是希望学生达到的特定学习结果，课程应直接聚焦预期的学习结果和目标。因此，他们主张必须有一种对预期学习结果的结构化序列安排。然而，目标的设定总与实际执行有所偏离，过分强调预期，势必会忽视实施过程中非预期因素。

（4）课程作为学习者的经验或体验。这种课程定义把课程视为学生在教师指导下以及学生自发获得的经验或体验。这一定义强调学习的结果、重视个人的体验，即学生实际学到了什么内容或有哪些体验，非常强调学生在学校和社会情境中自发获得经验和体验的重要性。其突出特点是将学生的直接经验置于课程中心，消除了课程中的"见物不见人"倾向，但却忽略了系统知识的重要性。

（二）大学课程

大学是研究高深学问的场所，只是由于课程教学对象和大学职能的差异，在形式、特征、实践上与中小学课程有所不同。大学课程面对的是已经成年的大学生，他们已经具有比较扎实的知识基础，因此大学课程具有科学性、专业性、深入性、探究性、创新性、多样性、灵活性、跨学科性、实用性和应用性等特征。大学的课程教学应以学科学术为基础，方能彰显大学的学问之"大"和高等教育的教育之"高"。换句话说，大学课程的基本特征是科学性，这种课程的科学性使它能够体现科学的功能和价值，具备科学的评价标准等，旨在培养具有全面素质和创新能力的专业人才。胡莉芳认为大学课程这种科学性至少应该具备以下3个特点：大学课程内容的类型化，即深度聚焦；大学课程形态的开放性，要求批判性学习；大学课程逻辑的发现性，即要探究前沿。① 因此，大学课程的科学性特征要求教师开展深度教学，学生进行深度学习。

高等教育课程研究既包括与中小学共性的课程开发、课程内容、课程类型、课程实施、课程评价等问题，又有独特的创新人才培养（体现为课程教学与科研的关系问题）、课程治理（如"双一流"建设中的课程问题）、课程创新（如 MOOC）等问题。面对多元化的高等教育课程实践，约翰·S.布鲁贝克（J. S. Brubacher）在《高等教育哲学》一书中提出，课程的适切性最为重要，一门课程的适切程度，涉及对象、内容、时间等因素，既与学科知识体系、社会问题有关，又与大学的合理性交织在一起。

（三）大学"一流课程"建设

2018 年，吴岩对大学课程提出几个重要判断。他指出，大学课程是教育最核心的问题，对学生发展起着至关重要的作用，然而，目前大学课程普遍存在问题，被视为中国大学的短板、瓶颈、软肋；这一问题不仅存在于新建本科院校和地方本科院校中，就连"985 工程""211 工程"以及"双一流"建设高校中也同样存在，只是问题的严重程度、问题的呈现方式不同而已。② 吴岩的这些观点强调了大学课程改革的迫切性和重要性。

2018 年 6 月，教育部召开了新时代全国高等学校本科教育工作会议，教育部首次提出"金课"概念，要求合理增加课程难度，拓展课程深度，扩大课程的可选择性。同年 8 月，"金课"首次被写入教育部文件，文件提出各高校应全面审视和梳理各门课程的教学内容，坚决淘汰那些低质量的"水课"，致力于打造高品质的"金课"，从而有效提升课程教学的整体质量。"金课"是一种教学实践模式、一种教学形态和教学理念，更是一种价值追求，其意义是为现实教学提供动力、牵引、导向作用。金课又被称为"一流课程"，2019 年颁布的《关于一流本科课程建设的实施意见》覆盖总体要求、建设内容、实施一流本科课程"双万计划"和组织管理四个方面，期望通过"金

---

① 胡莉芳. 高等教育课程的主要问题［M］. 北京：中国人民大学出版社，2018.
② 吴岩. 建设中国"金课"［J］. 中国大学教学，2018（12）：4-9.

课"建设和教学实践的落实，培养学生解决复杂问题的综合能力和高级思维，培养学生深度分析、大胆质疑、勇于创新的精神和能力。这些内容总体上都指向人才培养的目标，即适应新时代要求的创新型人才和卓越拔尖人才。

一流课程建设的"基本原则"是"高阶性""创新性"和"挑战度"，具体说明如下。

高阶性，即教学目标的高阶性。要在知识、能力、素质的有机融合的基础上，培养学生解决复杂问题的综合能力和高级思维。"水课之水"，在于其只是知识的浅层教学，止步于低阶思维；"金课之金"，在于其虽然以低阶思维为基础，却能更进一步，对知识深度理解后进行思维的复杂训练。

创新性，体现在教学内容、形式、成果三个方面：一是课程内容要与时俱进，具备前沿性和时代性；二是教学形式体现先进性和互动性，借助现代技术手段提升教学效果；三是学习结果具有探究性和个性化的特点，鼓励学生独立思考和开展创新实践。

挑战度，是指课程目标、内容等设置一定的难度，需要学生和教师共同努力才能达到目标，教师要投入时间、精力乃至情感备课讲课，学生则需要花费较多的时间进行学习和深入思考。这种挑战性将有助于提升学生的学习效果和综合能力。

由此可见，一流课程对本科课程的目标、内容、教学方法、课程设计和考试评价都有明确的要求，并且建设的目标、理念和要求与深度学习不谋而合，或者说开展面向深度学习的教学与一流课程建设同向同行。

在一流课程建设中，不能将形式的创新作为全部追求，进而放弃对教学领域，诸如学生认知特点和学习规律、学科特点和本质、教学规律等重要内容的认知和探索；更不能将创新停留在教学大纲和规范中以用来"交差"，否则课堂教学忽略能力培养、思维过程训练的状况在根本上不能改观，学生也不会得到充分的尊重。另外，杜威所描述的"糖衣教学"，即用机巧的方法引起兴趣，用起调和作用的和不相关的材料把枯燥无味的东西掩盖起来，这些都是似是而非的教学，阻碍了对教学规律的深入探索，也阻碍了教学发挥应有的对学生发展的积极促进作用。这样的教学也是浅层教学或机械学习。

三、一流课程建设要求深度学习

（一）学习者参与深度是建设一流课程的主体性原则

参与是一种理念，强调的是通过师生共同构建和谐、民主的课堂氛围，使课堂上所有层次学习者都能够积极主动地参与到课程相关学习进程中。作为"金课"主体的学习者，是否能够有效参与不断发展、演化的学习过程，是"金课"设计时首先考虑的问题。学习者有效参与是通过课堂学习事件而发生，以设计学生可参与的活动为载体，以是否可调动学习者的学习兴趣和学习热情，是否能引起他们在交流和碰撞中产生新思想、在行为上发生潜移默化的变化为评价标准。"金课"学习活动设计的质与量关系着学习者参与的广度、深度与频率，也关系着学习者的学习效果。因此，以学习者有效参与为主体性的原则，严谨设计"金课"学习活动是打造"金课"的必由之路。

学习者有效参与须全员高层次参与。根据学习活动所指向的认知水平以及班级参与人数这两个维度，将学习活动分为四种层次：第一象限低认知、低参与度；第二象限低参与、高认知度；第三象限高参与、低认知度；第四象限高认知、高参与度。① 因此，有效参与设计须把握两个原则：一是促进学习者高层次思考，二是调动全员参与。

首先，高层次思考才可保证学习者参与的有效性。"金课"设计须以个性化和互动性为互补，创设学习情境培养学习者解决复杂问题的综合能力和高级思维。需强调的是，高层次思考固然有其优势，但教学设计只包含高层次思考会使学习者长期处于高水平认知紧张阶段，导致疲惫、厌倦，甚至放弃学习。因此，教学设计应交叉设置多认知思考水平的学习活动，但以高层次认知思考水平活动为主，一是满足不同难度水平的学习目标，二是可以有效保证学习者投入认知性学习。其次，全员参与作为最快速、最简洁、最有效

---

① 佩西达·希姆勒，威廉·希姆勒. 让每个学生主动参与学习的 37 个技巧 [M]. 北京：中国青年出版社，2014.

的方法，是"金课"设计不可或缺的工具。教师在进行教学设计时，应穿插采用不同形式全员参与活动，既丰富学生课堂体验，又最大程度促进学生态度、情感、价值观和综合能力等方面的协调发展。

学习者有效参与须激活学习动机。学习者是否有效参与课程而进行知识建构，有一个重要的前提是学习者的学习动机是否得到激活并保持。在知识建构的过程中，学习动机激发并维持着学习者付出努力，使其积极参与学习材料的认知加工过程，从而理解需要学习的材料、达成学习目标。"金课"要有效激发学习者的内外部学习动机。首先，要使学习内容本身具有激励作用，提高学习者的内部学习动机；其次，不能忽视学习的外部动机，须采取措施来激发学习者付出艰苦的努力去学习复杂的内容。事实上，所有学习者，或内或外、或强或弱，都是有学习动机的。教学设计的任务并不是增强其学习动机本身，而是发现（培养）、激活并保持学习者的学习动机，使学习者从事有利于学习的活动。

（二）学习内容的聚焦深度是建设一流课程的基础性原则

学习内容聚焦要求"金课"设计时将教与学的内容围绕确定的、具体层次的、适量的教学目标展开，并保证学习内容为学习者所掌握，并达成学习目标。众所周知，教与学是一个复杂的过程，一个知识单元的教学需要多个教学事件。因此，"金课"设计必须以学习内容聚焦为关键导向。教师须通过学习内容聚焦使学习者明确学习目标，进行深度认知加工；也须精心设计如何向学习者解释学习任务，告诉学习者教师期待他们从完成学习任务的过程中学习到什么，以及完成学习任务之后达到什么程度。

学习内容聚焦须以教学目标为中心。教学目标是整个"金课"设计的指南针，目的在于帮助学习者达成学习目标。具体来讲，教学目标就是在学习过程中指导学习者的认知加工并促进学习者的知识建构。学习者建构知识的过程发生在认知系统中，其特点是认知加工的容量有限。"金课"设计的主要挑战是既要保证学生围绕适当数量的目标进行认知加工，又要保证不会产生认知负荷超载。

学习内容聚焦须匹配不同层次教学目标。教学目标按照难度水平分为不同层次，学习内容的呈现及相应学习活动的设计自然应与不同层次教学目标相匹配。以玛扎诺的教学目标分类理论为例，学习目标由易到难分为四个层次：知识提取、理解、分析和知识运用。[①] 知识提取目标要求对基本信息的识别和回忆以及对过程的执行；理解目标包含识别出知识的重要特征，可清晰表达并提出关于知识的主要观点及支持观点的细节；分析目标包含对知识的合理延伸，甚至包括对直接教授的内容之外的内容作出推断；知识运用目标要求在实际任务的背景下使用新知识，用知识来处理现实世界问题。通过在不同难度水平上设计学习目标，可保证每个学习者都得到恰当的挑战。因此，"金课"学习活动设计并不是以固定的方式聚焦学习内容，而是根据教学目标难度层次的不同而动态地进行设计。

(三) 全脑教学是深度学习也是建设一流课程的科学性原则

大脑是世界上最复杂的器官，大约由 1000 亿神经元构成，它们负责传递和处理信息，也负责激活肌肉和腺体。科学研究表明，所使用的大脑中的部位越多，神经元通过树突接受来自其他神经元的讯号就越多，学习的速度会更快，记忆的时间也会更长。同时，当学习者的整个大脑都参与了学习，那么学习者的大脑不会有时间去创造非学习行为。因此，"金课"设计应以全脑教学为支撑导向，在教学中要让学习者的大脑在不同的区域进行切换，应用到大脑中的多个感官通道，从而使学习者自始至终处于轻松、愉悦的参与状态，提高学习积极性，并增强学习的效果。[②]

1. 全脑教学主张多通道教学设计

大脑喜欢多感官、多形式的活动，单一通道的学习方式会让学习者很快感觉到疲劳、枯燥，而枯燥是教学的天敌。全脑教学主张多通道教学设计，反对单一性教学设计，认为人是通过身体和思想同时进行语言的、非语言的、

---

① 罗伯特·J.玛扎诺，黛布拉·J.皮克林，塔米·赫夫尔鲍尔. 学习目标、形成性评估与高效课堂 [M]. 邵钦瑜，冯蕾，译. 北京：中国书籍出版社，2012.

② 克里斯·比弗尔. 全脑教学 [M]. 程茗荟，曹卫国，等，译. 北京：中国青年出版社，2014.

智力的、情绪的、身体的、直觉的学习，通过多通道信息输入能提高认知加工效率。全脑教学是多感官运用参与模型，包含五种要素：躯体的，是指在做事中与运动中学习；听觉的，是指在说话和听他人说话中学习；视觉的，是指在观察、测量和绘画中学习；智力的；是指在思考和解决问题中学习；情感的，是指在情绪引导和情感控制中学习。

"金课"设计以全脑教学为导向，融合以上五种通道，让大脑功能不同的各个部分整合协同运作，最大化调动学习者多感官参与，促进学习者思维、情感和人际关系的发展，提升学习效果。

2. 全脑教学须顺应大脑规律

（1）情感为先、认知为后的规律。人类大脑的功能，首先是确保生存，其次是满足情感的需要，再次是认知学习。虽然在课堂上某些压力可作为激励学习者学习的动力，但是高压力是学习的障碍，感到高压力的信号先传递到大脑中做出"逃避或应对"反应的中心——杏仁核，从而减少通向丘脑的信息流量，继而减少了流向额叶的信息流量。而额叶是主管判断与决策的中心，因此，当信息流量减少，学习者理解事物之间的联系和探查更高水平的组织结构的能力就会降低，常会引起情绪上的厌学情绪。据此，"金课"设计应将学习压力降至较低或中等唤起水平，使大脑能够顺利被激活，学习者则能够整合更大范围的材料，理解更广泛的关系和理论，并进行认知思考，获得最佳学习效果。

（2）镜像神经元触发规律。镜像神经元是大脑神经元的一种，散落分布于大脑的各个部位，它既可以在个体执行动作时被触发，也可以在观察其他人执行相同的动作时被触发。"金课"设计可利用镜像神经元的规律，采用镜像模拟法，让学习者模仿教师的动作，或者在适当的时候重复教师说的话，使教师和学习者的视觉皮层和运动皮层相互吸引，建立师生之间强大的学习纽带。事实上，镜像模拟法能够进行全脑锻炼，通过看（枕叶）教师的动作，听（颞叶）教师的语言，做（顶叶）与教师相同的动作，说（颞叶）与教师相同的话，感知（边缘系统）当时的情绪和收获。

（3）注意力的规律。获得学习者的注意并使其得到维持一直是教学领域所追求的目标。但是，脑的研究表明，如果教师不理智地要求学习者长时间的、高水平的注意力，反而会降低学习效果。实际上，人的大脑有注意的高峰与低谷，脑在这样的高低循环中转换着认知能力，尤其是在处理语言信息或是空间信息时，脑的交替频率较高。一般来说，在连续高水平的注意之下，脑的工作效率并不高。事实上，真正外在原因引起的注意在持续的高水平状态下只能保持一段很短的时间。知识建构是学习者内部产生的，教师持续的信息输入会阻碍学习者把刚学到的知识进行组织加工。因此，"金课"设计需根据学习者注意力的规律交替设计：在注意力的高峰期，向学习者介绍新内容；在注意力的低谷期，给学习者留出个体加工时间进行联系和巩固知识。需注意的是，低谷期或学习者个体加工的时间中，最关键的因素是让学习者可以自主选择反思和表达的方式，如果教师将这段时间用于布置课堂作业，那大脑仍然处于需要高水平注意的阶段，无法得到休息。

（4）记忆的规律。德国心理学家艾宾浩斯和加拿大学者墨多克先后对记忆的系列位置效应做研究并得出结论：记忆材料在系列位置中所处的位置对记忆效果有影响，系列开始部分和末尾部分的记忆效果好于中间部分的记忆效果。苏泽将记忆的系列位置效应应用于课堂教学中，他提出：在大于 20 分钟以上的学习实践中，大脑对信息的保持率可分为三个阶段，开始阶段是"高效期-1"，结尾阶段是"高效期-2"，中间阶段是"低沉期"，并且随着教学时长增长，低沉期增长的百分率大于高效期。"金课"设计应顺应大脑的记忆规律。首先，应在不同阶段设计不同教学活动，"高效期-1"呈现新教学内容，"高效期-2"总结复习新教学内容，"低沉期"做练习。切不可让高效期被无关或错误信息所浪费，若等到低沉期才开始呈现新教学内容，记忆的保持量最低。其次，课程时间越短，保持效果越好，40 分钟的课程拆分为两个 20 分钟课程，记忆的保持量更高。但值得注意的是，少于 20 分钟的课堂不能给学习者充足的时间确定学习内容和组织新学习。

综上所述，"金课"教师应有教学设计意识。有教学设计意识的教师会从多个视角来不断地优化教学策略，解决教学中存在的问题，优化和提升教学质量；有教学设计意识的教师会有效调动每一个学习者参与教学事件中包含的学习活动，调节学习者的课堂体验，推动其通过自我探究进行高水平思考；有教学设计意识的教师会是认知过程的设计者，让每一个教学事件都有意向性，直指教学目标，考量教学事件所包含的学习活动与教学目标之间的关系而动态调整；有教学设计意识的教师会遵循脑科学原理，深入认识各种学习和认知的神经机制，探究多样化教学和学习方式。

作为一种过程技术形式，设计追随功能，教学设计旨在经由"金课"，服务师生。"金课"概念的提出，也为科学教学设计提出了新的课题，此处提供了一种方向性的思考。

四、大数据为开展面向深度学习的课程教学提供了可能性

随着人工智能、区块链、5G 等技术的迅速发展，大数据时代已来临。大数据与高等教育相融合业已成为高等教育发展的内生性需求，是高等教育系统变革和转型的策略之一。大数据思维和大数据应用为高等教育领域资源获取、制度设计、治理决策、教学设计和效能评价等开拓了新的视野，为高等教育领域实现数据化转型提供了重要工具。高等教育系统的数据化转型并非简单地将传统教育数据进行收集并可视化呈现，而是以大数据作为辅助型的实证工具，进一步对数据进行全方位的、结构化的描述和呈现，从而深层次地挖掘教育现象背后的实质关系，并支持高等教育的精细化转型。如何将这些教育大数据资源转化为有意义的"教"与"学"的信息，尤其是从数据中挖掘有效学习的特征与方式，以帮助教师开展指向深度学习的教学工作，成为学界关注的焦点问题。

（一）教学目标由标准化向需求化转型

高等教育存在生源多样化和教育需求差异化的特征。传统高等教育标准化、批量化、一致性的人才培养目标无法满足个体需求和社会需求。虽然教学目标的转型也已呐喊多年，但是如何实现成为难题。

大数据支持培养目标的需求化转型。首先，从社会需求来看，大数据有

助于建立动态社会需求分析系统。基于大数据分析完善人才供需对接机制，及时调整教学方案和学习产出要求，使高等教育更好地适应变化的社会需求。其次，从学生个性化发展需求来看，大数据有助于学生个体化发展目标的实现。通过建立学生数字成长模型为学生"画像"，教师以"画像"为基础了解学生的基础状态、关注学生的发展目标、追踪学生的成长路径，并进一步提供量身定制的学习支持，生成适合学生需求的个性化学习路径，辅助学生实现个性化发展目标。值得一提的是，"画像"根据与学生有关的教育数据的更新而动态生成，教师所提供的帮助也是动态化的。

（二）教学方式由中心化向拓展化转型

高等教育教学组织虽变革多年，但在教学实际中教学方式仍然多呈现中心化取向，即以教师为中心、以教材为中心、以教室为中心。在这种静态的中心化培养方式中，教师总处于知识权威的地位，主导着学生的学习资源与学习路径，不利于学生的学习与发展，也不利于学习效果的达成。

大数据支持教学方式的拓展化转型。首先，从教师角色角度来看，教师成为学生学习体验的设计者。大数据为个性化、自主化学习生态系统的构成提供了可能，学习生态系统的使用体验决定了学生的学习体验和学习效果。教师作为距离学生最近的群体，其角色也自然拓展到学习体验的设计者上。其次，从教育资源角度来看，大数据提高了教育资源的开放性和可获得性。大数据为教材提供了丰富而全面的数据支持，教师不再是教育资源的主要掌控者，学生不仅可以自主探索学习资源，还可以协作参与学习资源的开发与设计。除此之外，大数据还增加了跨学科人才培养组织和教学的现实性。最后，从教学空间角度来看，传统教学空间的结构与功能均被拓展。第一，大数据背景下，教学空间的情境识别、社群联结、学习过程记录等功能，助力学生实现学习动态感知和调整。第二，大数据背景下，学习空间中的教学实践活动和教学效果均可数据化呈现，并成为教学改革的依据。

（三）教学评价由主观化向客观化发展

常用的教学评价工具有问卷调查、纸笔测验等。虽然这些方式的评价效率高且操作简便，但不能全面、准确地反映其特征。

学生的生理特征变化信息（如脉搏、血压等）、学习的动作行为信息（如手势、面部表情等）以及人机交互行为数据信息（如鼠标点击次数和时间等）都可以通过设备精准记录。学生的生理特征变化信息能够通过传感器来获取，例如脉搏、血压、生物电等，用以分析学习者身体状态、情绪变化等情况，为学习者提供及时的学习支持。运用摄像机捕捉面部表情和手势即是动作行为特征采集的过程，同时，利用表情识别、语音识别等技术能够识别行为，进而分辨学习者在深度学习中的情感状态；此外，运用神经测量技术采集学习者的眼动数据和脑电活动，获取学习者的情绪、情感的细微变化。人机交互行为数据采集，则需要对学习者在学习环境中的交互行为日志进行建模，构建包含点击数据、交互行为数据、响应反馈等信息的模型。

（四）教学反馈由模糊化向精准化转型

教学反馈是教学中的关键环节，理论上讲，教学反馈要做到及时、精准、有效，而传统教学多以教师经验式课堂观察和学生测验分数为依据进行反馈，反馈依据和反馈形式均呈模糊化。因此，学生所提供和获得的学习反馈均缺乏精准性，不利于学生的学习改进和教师的教学改进。

大数据的精准分析功能支持教学反馈的精准化转型。从学生角度而言，实时大数据汇聚与分析能够及时、精准提供学习反馈。借助大数据平台，可生成学生自主学习数据、阶段性测验数据、学习交互数据、学习过程数据等，有助于对学生学习行为和过程进行动态监控，并基于此为学生提供精准学习策略指导。尤其在学业危机干预方面，在大数据支持下，可依照历届在校学生学业进展规律，设计学业预警模型，通过模型筛选出具有学业风险的学生，并及时给予学习策略、学习督导等干预。从教师角度而言，可为教师提供精准教学改进信息。通过大数据技术可以采集易混淆知识点、共性疑难问题等，且可提供基于教与学过程的行为数据，使教师教学过程中的各个环节都可得到及时反馈与修正。

（五）大数据是驱动教学方式转型的实践保障

高等教育转型自身是一个系统反复迭代的过程，为有效促进教育大数据服务于高等教育模式的转型，需要做好保障。

（1）提升大数据应用思维与意识。大数据为高等教育转型提供了技术基础，因此应形成用大数据思考教育发展与转型的思维与意识，以大数据思维引领高等教育的现代化转型。一方面，利用大数据超越主观的、局部性的经验，探索以大数据为底层逻辑的科学决策方案，以便更好地为教育的发展服务。另一方面，应具备大数据应用意识，既要重视大数据在教育转型中的重要价值，又要能够基于大数据所提供的相关关系描述、预测和解决问题。除此之外，还应正确认识大数据的价值，以防认知偏差，大数据的价值在于其有效性，因此，应尊重数据事实、强调数据精准，而不应过分追求"大"和"全"。

（2）打造大数据服务团队。大数据服务团队是高等教育治理和教育模式转型体系中的核心要素，决定了数据治理和模式转型的专业性。现有大数据服务团队多为大数据分析人员，他们是数据采集、分析、建模、管理的专业人士，但是他们对教育场景、教育规律的理解有限，也容易出现"唯数据"和"为数据"的极端倾向。事实上，应以转型目标为导向，打造多元化的大数据服务团队，至少应包含教育教学人员、学科专家、数据分析人员、教育技术人员、教学设计人员等，以保障数据处理的规范化、教学的人性化和教育治理的科学化。

（3）健全教育数据保障机制。大数据快速推进的技术变迁需要有完善的教育数据保障机制相匹配。首先，完善数据共享机制。通过统一数据标准、优化数据流转规范、明确数据共享及监管权限、建立数据共享协议等推进教育数据共通共享。其次，建立安全保障机制。坚持以生为本，尊重数据伦理，推进数据隐私、公开的技术保护、制度建设和法律法规保障。最后，完善配套教学改革机制，考虑教育的科学性，避免让大数据驱动下的高等教育转型仅仅成为技术的表层化转型。大数据若想提升教学效率，必须将其应用与课程设计、学习设计相结合，其教育价值才能得到充分发挥。

五、大学开展面向深度学习的课程建设的意义

在今天这个复杂多变、充满不确定性的世界中，教学着眼点应基于预期开展学习，而不是过去的经验。教师需要拥有未来之眼，需要以一种未来的新视角看待教育，在教育中既关注已知，也关注未知，努力通过深度学习培养学生的好奇心、启发智慧，增进自主性和责任感，引导他们积极、广泛、有远见地追寻有意义的学习。在可预见的未来，人工智能技术将重塑人类生活。

首先，人工智能将创造出多模态的信息。知识不再是稀缺资源，学生也不再需要教师提供信息，可当信息真假不明、良莠不齐地汇聚而来时，他们比任何时候都需要我们。所以面向未来的教学要帮助学生区分真伪、辨别是非，帮助他们学会思考、学会表达、学会应变，以适应一个充满未知挑战、未知变局的世界。如果我们没有培养学生的深度学习能力，哪怕让他们掌握了很多知识，对创新能力的培养的作用也不大。①

其次，人工智能将直接影响学生就业，大部分常规的、无需深度思考的职业将消失，被自动化和人工智能技术所取代。计算机处理表层知识的能力已经远超人类，如果学校教育继续进行表层知识的传递，那么培养出来的人必然落后于时代需要。因此面向未来的教学目标，要转向培养学生具备那些无法被人工智能取代的能力。由于机器在收敛性思维方面越来越熟练，发散性思维显得更为重要。发散性思维则是通过创造性思考并以自由流动的思想形式存在。当然，有效的发散性思维正是建立在收敛性思维的训练和相关知识的掌握上。因此，无论我们将其称之为"创造性思维""批判性思维""发散性思维"或"高通路迁移"等等，学习的重新建构都要以人工智能时代为背景，以追求超越人工智能的人性生活为目标。因此，人工智能时代尤其需要开展深度学习能力的培养。

最后，正确对待人工智能的使用。人们担忧人工智能会成为学生的"作

---

① 郭文苗. 人工智能时代的教育变革 [J]. 北京大学教育评论，2023，21 (1)：62-82，189.

业神器",自动生成各种作业尤其是科学论文,正如人们曾担忧过计算器、搜索引擎、拍题软件、百科类网站。但是,在苏格拉底时代,在与苏格拉底本人讨论时,他的一些学生也有可能凝视着天空发呆,心不在焉;查重工具也没有阻挡抄袭,因此人工智能检测器并不能阻挡学生使用人工智能的脚步。我们需要考虑的不是识别出毫不负责地使用人工智能的情况,而是帮助学生了解如何在工作和个人生活中适当有效地使用人工智能。

第二节　深度学习达成的理论基础探讨

一、掌握学习理论

目前的教育教学模式来源于工厂标准化、流水线式生产思想,是一个要求在规定的时间段内,利用标准化的教材、统一的教学手段、一致的教学媒介以及标准化的考评方式等实现目标的标准化教学流程。因此,在教学过程中,教师被迫选择以中等水平的学生作为参照进行教学设计、安排教学进程和开展教学评价,往往会导致学生之间出现学习差异和成绩分化。然而,如果教学富有成效,那么学生学习成绩就应呈现偏态分布,即大部分智力正常的学生的学习成绩能达到良好甚至优异。基于上述认识,布鲁姆提出掌握学习理论,认为只要给予学生充裕的时间和恰当的教学,那么几乎所有的学生都能掌握所有的学习内容。

掌握学习理论提出后,全球教育界进行了广泛的实践探索,然而,统一教学和学生个性化学习需求之间的矛盾仍未得到彻底解决,特别是优秀学生的学习需求难以得到满足,这导致该理论的发展一度停滞。时至今日,信息技术在满足不同学生学习需求方面的优势日益凸显。如今,大量 MOOC 资源、社会各界人士制作的视频资源以及丰富的网络大数据为不同层次的学生开展个性化学习提供了有利条件,掌握学习理论实现的可能性已经体现。基于该理论,可以为不同层次的学生提供不同的学习资源、学习路径和学习方法,教师有可能对所有学习层次的学生开展深度教学，尽管这个目标的达成依然很艰难。

二、以问题为中心的首要教学原理

美国犹他州立大学教授梅里尔（D. Merrill）的研究表明：尽管一些多媒体教学和远程教学产品设计精致、质量上乘、形式丰富，但由于其没有考虑学生的学习需求，也属于讲授式教学方式。基于社会认知主义、建构主义学习理论等多种代表性理论，梅里尔提出了"首要教学原理"，该原理以问题解决为核心，强调当学生解决真实世界中的问题时，其学习效果才会得到显著提升。

梅里尔以真实问题为中心，提出了有效教学的四个阶段：激活旧知、充分展示、尝试运用和融会贯通。他的核心理念是，只有当教师设计的问题基于真实情景，并给学生提供问题解决的指导时，学生才能实现有效学习，教师的教学效果也会随之提升。这一理论将教学设计的视域从书本推向了更加广阔、多变、复杂的真实世界，强调要关注学生能够理解的真实世界、劣构问题，以及问题解决过程的指导，而且促使教师从知识的传递者转变为学生学习过程中的引导者、帮助者、促进者。他认为好课的三个标准是：效果好、效率高、参与度高。

首要教学原理强调问题解决导向、注重学生的主动性，强调教师的引导作用，与深度学习的理论高度一致，可以为深度学习提供有效的指导和支持。

三、促进记忆保留的主动学习理论

信息加工理论认为所有的学习过程的实质是通过一系列心理活动对外在信息进行加工的过程。基于这个观点，美国学者梅耶（R. E. Mayer）讨论了学习过程中新旧知识之间的相互作用。认知科学家的研究也表明，主动学习是促进知识由短期记忆转化为长期记忆的最佳方式。在教学中被动接受教师传递的抽象经验，学生的记忆保留时间短、效率低下；而实践能以生动具体的形象直观地反映外部世界，故主动参与性的学习活动能够促使记忆长期保留。中国近代教育家陈鹤琴先生也提出了类似的理论："做中教，做中学，做中求进步。"

基于此，为了达成深度学习目标，促进学生新旧知识的相互作用，学生应在教师的协助和指导下，采用自主学习和合作探究等方式参与到真实问题解决的实践活动中。在这一过程中，学生通过观察与内省获得知识和技能，掌握问题解决的思路与方法，并不断充实和完善情感、态度和价值观，实现自我成长和突破。

四、旨在发展的最近发展区理论

苏联心理学家维果斯基（Lev Vygotsky）提出了最近发展区理论，该理论指出，学生要得到发展需要关注两种水平：一种是学生当前的能力水平，即在独立活动时能达到的解决问题的水平；另一种是学生潜在的发展水平，即通过教学可获得的潜力。两者之间的差异就构成了最近发展区。只有针对这一区域进行教学，才能促进学生获得进步，而停留在当前水平的教学，则会成为学生发展的阻碍。学生发展的过程，就是不断把最近发展区转化为现有发展区。

根据该理论，教学应明了学生的最近发展区，为学生提供对他们而言具有一定难度的内容，采用合适的教学方法和手段，帮助他们达到其可能发展到的水平，然后在此基础上进行下一个发展区的发展。因此，教学应该走在发展的前面。教师作为文化的代表引导着教学，帮助学生掌握、建构、内化那些能使其从事更高认知活动的技能，这种掌握、建构和内化是与其年龄和认知水平相一致的，但是，一旦他获得了这种技能，便可以更多地对学习进行自我调节。

要确定最近发展区，首先，要确定学生的现有水平，即知道学生"在哪里"，教师得想办法探测到，BOPPPS教学组织模型中的前测基于这个原理。

其次，要确定学生即将达到的水平，这个水平远比学生现有水平要高，仅凭学生自己努力无法在短时间内达成，需要教师的帮助才能达成。一流课程中强调的挑战性，要学生跳一跳才能够得着，其实就是在教师的引导下让学生突破最近发展区。

因此，要引发深度教学，教师要做到：①确定学生最近发展区；②确定通过什么样的内容来提升、发展学生，即转化教学内容，提供恰当的教学资源和材料；③帮助学生亲身经历知识的发现与建构过程，使学生成为教学主体。

五、以学生为中心

"教材为中心、教师为中心、教室为中心"被称为传授范式（instruction paradigm）或传授主义（instructionism），或叫"三中心模式"。约翰·霍普金斯大学教育学院院长安德鲁斯以"撒米喂鸡"形象地描述出该范式："我有一把米和一群鸡。我每天给鸡撒米，它们围着我抢食。我只管撒米，但并不知道每只鸡是不是要吃、喜不喜欢吃、实际吃了多少。几个月后给它们称体重，决定是否让它们毕业。"

"以学生为中心"（Student Centeredness，SC）的教学改革运动始于 20 世纪 80 年代，被称为"学习范式"（learning paradigm）。赵炬明认为 SC 模式具有 3 个基本特征：以学生发展为中心、以学生学习为中心、以学生学习效果为中心。① 教学过程中学生是学习的主体，教师的角色是根据学生特点和学习要求设计教学过程、提供教学平台、营造学习环境，在学生学习过程中成为设计者、引导者、支持者、辅导者和合作者。目前国内越来越多的大学开始进行以学生为中心的多方面的改革。在深度学习中，学生是主体，教师是主导，如此才能取得良好的效果。

① 赵炬明. 论新三中心：概念与历史：美国 SC 本科教学改革研究之一 ［J］. 中国高等教育科研参考，2016（6）：22–32.

六、反向设计

大多数教师能够比较清晰地回答，每节课需要教几个知识点，但是如果进一步追问，学生学习完这几个知识点能获得怎样的变化和发展，应该较少有人给出回答。因此有必要以终为始，从教学目标开始考虑问题。威金斯（Wiggins）和麦克泰格（J. Mctighe）在《追求理解的教学设计》（*Understanding by Design*）一书中提出了反向设计的理念，他们认为为了实现最有效的课程设计，应该采取反向设计的方法。[①] 反向设计是指教师为实现特定的教学（学习）目标而设计学习体验和选用教学方法的过程。反向设计把目标和评价置于首要的位置，首先确定课程目标，再细化教学目标，接着进行评价方法的设计，建立结果和目标之间的桥梁，最后才是设计教学内容和教学活动。

许多教师在设计教学时，从教师端开始思考教学，例如固定的教材、擅长的教法，而不是从学生端开始，即从预期的学生成长开始思考教学。换言之，他们更多地聚焦"如何教"，而非学生的"如何学"。他们花大量的时间思考自己要开展哪些教学活动、准备哪些教学材料以及对学生的要求，却忽略了为了实现学习目标，学生真正需要的是什么。这种做法未能将学生置于教学的中心，从而可能影响到教学效果和学生的学习体验。

反向设计的3个阶段包括确定预期结果，确定评估方法，设计学习体验和教学活动。反向设计是以学生为中心教学理念的延伸，为深度学习教学设计提供了理论支撑。

七、教学支架

支架式教学的理论基础是维果斯基的最近发展区理论。教学支架（teach-

---

① 格兰特·威金斯，杰伊·麦克泰格. 追求理解的教学设计 [M]. 2版. 闫寒冰，宋雪莲，赖平，译. 上海：华东师范大学出版社，2017.

ing scaffolding）是美国教育心理学家、认识心理学家布鲁纳（J. S. Bruner）从建筑行业借用的一个术语，是指为学习者建构对知识的理解提供一种概念性框架（结构及流程），学生可以通过父母、教师、同伴以及他人提供的辅助工具，完成原本超出自身能力的任务，从而成功跨越最近发展区。

在课堂上，支架式教学一般采用规定方式：把学习内容分割成许多便于掌握的部分；向学生演示要掌握的技能，提供有提示的练习等等。在此过程中，教师要为学生学习提供恰到好处的支持和帮助。如果支架太多，学生独立思考或者操作的能力就得不到充分发展，需要及时撤销支架；如果支架太少，会让学生认为任务太难而畏缩不前。所以教师要根据经验灵活掌握。

深度学习目标较为高阶，需要教师给学生提供教学支架才能帮助其跨越最近发展区。

八、知识迁移

所谓迁移，就是指先前知识对新的学习或新的问题解决所产生的影响。换言之，迁移就是一个有关已掌握知识如何影响新任务的完成能力的过程。[1] 有关迁移的分类见表 1-3。

教育有两个重要目标，一是促进知识的保持，二是促进知识的迁移。保持是指学习者在学习后将学习材料原原本本记住的能力，而迁移是学习者运用所学知识回答新问题、解决新问题，或促进新材料学习的能力。迁移不仅要求学习者记忆所学知识，更为重要的是还必须理解所学知识并且能够应用这些知识解决新的问题。"保持"重在过去，而"迁移"重在未来。保持只要求学习者记住所学知识就可以了，迁移则要求学习者不仅能记住所学知识，而且还必须理解，并能在新情境下应用自己已经学过的知识。如果学习者只是记住了所学知识但并不理解，那么学习结果就属于

---

① Mayerr R E. Applying the Science of Learning [M]. Boston, MA: Pearson Education, Inc., 2011: 20.

"机械学习"；如果学习者记住并理解了所学知识，并且能在新环境中应用，这就是"意义学习"；如果学习者既没有记住所学知识，又不能理解和应用这些知识，于是就产生了"无效学习"。①

表 1-3 迁移的分类

迁移分类	释　义
正迁移	先前知识能够帮助学习者学习新知识或解决新问题
负迁移	即先前知识对学习者学习新知识或解决新问题会起到干扰作用
中性迁移	即先前知识对学习者学习新知识或解决新问题既不会起到帮助作用，也不会起到干扰作用
逆向迁移	新知识的学习或新问题的解决同样也可以对学习者原有知识产生反向作用，即它们会帮助学习者加深对已有知识的理解
特殊迁移	是指先前所学习的内容的结构特征与表面特征与后续学习的内容的结构特征与表面特征基本相同
一般迁移	是指尽管两者之间没有共同之处，但是解决某一问题所获得的一般经验会影响到另一问题的解决
混合迁移	是指一般原理或策略的特殊迁移，即学习者在某一任务的学习中所掌握的一般原理或策略同样可以用于另一任务的学习或另一问题的解决

布鲁姆的 6 个认知维度中，"记忆"是有关知识的保持的，而后 5 个认知维度——理解、应用、分析、评价、创造，则与知识的迁移密不可分。因此，这 6 个认知加工过程传递出这样一个信息：在教学中，不仅要培养学生解决自己熟悉的、擅长的问题的能力，更要注重学生在认知加工过程中的理解与创造，使他们具备在一个不熟悉的情境下思考问题、解决问题的能力，实现知识的迁移，最终达到意义学习的目的。② 表 1-4 给出了促进有效迁移的教学方法。

① Mayerrr R E. Rote versus Meaningful Learning [J]. Theory into Practice, 2002, 41 (4): 226-232.
② 盛群力，毛伟，贺巍. 国际教育目标分类研究进展要览及其创新价值 [J]. 数字教育, 2015 (6): 1-7.

表 1-4　有效迁移的教学方法

迁移类型	教学方法	解　释
近迁移	当堂测试	通过完成测试题，对所学知识进行提取
	个人陈述	提供机会给学生将信息传递给他人，促进信息加工
	知识可视化	使用图解的方式建构和传达复杂的知识，并帮助他人正确建构、记忆、运用这些知识。图解的方式更容易让人理解，除常见的对比图外，还有 SWOT 分析法、5W2H 分析法、鱼骨图、六顶帽思考法、金字塔原理、麦肯锡七步法等
	同伴互教	使用"一帮一"的形式让学生之间相互解释，以便加深理解。有声输出有助于深度学习
远迁移	创造性改写	使用大家擅长的题材改写知识点，将知识转化到不同的情境中
	制作模型	创建模型去具体陈述一个抽象的概念
	辩论、讨论和质询	为学生提供解释他们想法的机会，如合作辩论等
	项目化学习	基于真实问题开展项目化学习

注：根据以下文献整理：郑杰. 简明合作学习设计 11 讲［M］. 上海：华东师范大学出版社，2022.

第三节　课程深度参与影响因素探究

课程参与度是深度学习的重要体现，研究如何提升本科生课程参与度也因此成为提升深度学习课堂教学效果的关键一环。此外，在中国大力提倡"一流大学""一流学科""金课"建设的大背景下，对于教育质量的过程性指标——"课程参与度"的研究也日益增加。因此，课程参与度不仅是提升深度学习课堂教学效果须着重考虑的关键环节，也是建设一流课程的一个重要切入点。

一、问题的提出

目前，课程参与度的相关研究多强调其在学习中的重要性。以清华大学的 NSSE（National Survey of Student Engagement）、南京大学的 SERU（Student Experience in Research University）为代表的两大研究和评估项目以及以北京大学为代表的"首都高等教育质量与学习者发展检测"项目均认为"大学对学习者影响的大小在很大程度上是通过学习者个体的努力程度以及参与程度体现出来的，大学里所有政策、管理、资源配置等都应鼓励学习者更好地参与学习活动"。[①] 此外，有学者从本科课程实践的角度强调应重视课程参与度对本科生发展的促进作用。高慧斌通过对基于北京、兰州等四地 6 所大学的1728 份有效调查问卷的分析发现：本科生小组学习边缘化、拒绝同伴讨论、较少进行探索性学习等现象较为普遍，其课程参与度亟待提高。[②] 有学者则意识到课程参与度对于教育教学改革的重要性。屈廖健等通过梳理与分析中国本科课程教学改革现状提出，重视考察大学本科生的课程参与度有助于课程教学改革获得满意的预计结果。[③]

但是，关于如何提升本科生课程参与度，目前学界缺乏更具针对性的理论研究。因此，本研究将课程参与度作为一个独立场域，通过对国内外课程参与度相关研究的梳理和分析，理清课程参与度的构成要素，并据此构建课程参与度模型，研究并具体分析各构成要素的影响因素及交互作用关系，为制定本科生课程参与度提升策略提供理论参考。

---

① 吕林海，张红霞. 中国研究型大学本科生学习参与的特征分析：基于 12 所中外研究型大学调查资料的比较 [J]. 教育研究，2015（9）：51-63.
② 高慧斌. 大学生课堂参与度亟待提高 [N]. 中国教育报，2015-07-08（5）.
③ 屈廖健，孙靓. 研究型大学本科生课程学习参与度的影响因素及提升策略研究 [J]. 高校教育管理，2019（1）：113-124.

二、课程参与度构成要素相关文献梳理

课程参与度源于学习参与度。学习参与理论从 20 世纪 90 年代产生至今，其发展可看作一个理解、诊断和促进本科教育质量的框架生成过程。[①] 既有的学习者学习参与度模型大致包括以下三种。

(一)"个体投入情况+院校环境感知"双维模型

以"个体投入情况+院校环境感知"为核心的双维参与模型由 G. D. Kuh、屈廖健等提出。Kuh 认为学习参与度指学习者参与到有效教育活动中的程度以及学习者对那些支持学习和发展的院校环境的感知程度，强调教育教学活动的有效性以及学习者对所在院校的认同感。[②] 此后，屈廖健等基于 Kuh 的观点提出了专门针对课程学习的双维参与模型，认为课程参与度的核心是学习者对一系列有效教育活动的投入情况和对支持其学习的院校环境的体验，其后以该模型为导向进行本科生课程参与度的调查研究发现：不同年级、性别的学习者间存在差异，且课程参与度和自身成绩的排名息息相关。在上述研究基础上，屈廖健等又在研究型大学本科生课程参与度的影响因素及提升策略的研究中提出本科生课程参与度度量指标有课下自主学习、课堂投入、师生互动、生生互动、课程认知内驱力等。

从学习参与度到课程参与度再到本科生课程参与度，双维模型的适用范围逐渐精确化，可见有关学习参与影响因素的研究逐步具体化。双维模型不仅涵盖了认知、情感、行为等个体要素，更涵盖了教师、同伴、学习媒介等环境要素，是从个体投入和环境感知双重视角出发进行的较为全面的课程参与度构成研究，但是仍存在一定的局限性。双维模型缺乏对个体投入情况及院校环境感知之间关系的分析和研究，未能形成一个立体、详细、系统的课

---

① 吕林海. 大学生学习参与的理论缘起、概念延展及测量方法争议 [J]. 教育发展研究，2016 (21)：70-77.

② Kuh G D. The National Survey of Student Engagement：Conceptual and Empirical Foundations [J]. New Directions for Institutional Research，2009 (141)：5-20.

程参与度模型。

（二）三维参与度模型

三维参与度模型由弗雷德里克斯（J. A. Fredricks）提出，他认为"学习参与度"是一个具有三维结构的功能型概念，并且对学习参与度进行系统化分析与研究有助于提升低水平学习者的学业成就和改善高水平学习者触及不到最近发展区的状况。[①] 他将学习参与度划分为行为参与度、情感参与度和认知参与度三个维度，行为参与包括努力、坚持、专注、注意、提问和讨论等；情感参与是指学习者在课堂上对教师、同伴言行及所学内容的情感反应，包括兴趣、厌倦、快乐、悲伤、焦虑等；认知参与则既强调对学习的心理投资，又注重以认知为目标导向的策略学习，包括通过排练、总结和阐述来记忆、组织和理解材料、学习任务等。

三维参与度模型具有较强的逻辑性和系统性，并非将行为、认知、情感三维割裂、孤立地研究，三维间的交互也是影响学习参与度的重要过程性指标。但是对三维的定位和分析仍存在一定的局限性：行为参与度方面缺乏对资料的搜集记录和实践、实验的整理分析；情感参与度方面缺乏对各类情感反应的综合性分析；认知参与度方面缺乏对认知动机、负荷等的考量。

（三）多维参与度模型

科亚特斯（H. Coates）在对澳大利亚大学一年级学习者的大规模调查研究过程中提出了学习参与度七维模型，他认为学习参与度是一个综合性概念，是学术活动与社交活动的相互关联与融合，包括自主学习、同伴合作学习、对学术挑战的认识、师生互动交流、充分卷入各类学习活动、支持性学习环境、班外合作等七个维度。[②] 而 Kuh 则有不同的认识，他在综述参与度概念和总结 NSSE 发展史的基础上提出学习参与度五维模型，他认为学习参与

---

① Fredricks J A, Blumenfeld P C, Paris A H. School Engagement：Potential of the Concept, State of the Evidence ［J］. Review of Educational Research, 2004, 74（1）：59-109.

② Coates H. A Model of Online and General Campus-based Student Engagement ［J］. Assessment & Evaluation in Higher Education, 2007, 32（2）：121-141.

度是指学习者投入大学规定的活动以及其他有助于实现预期收获的活动中的时间与精力，包括学业挑战度、主动与合作学习意愿、师生互动情况、教育经历丰富度以及支持性校园环境等五个维度。①

七维模型体现了学习参与具有建构性、交互性、协作性、环境支持性等特质，而五维模型则与七维模型在学习参与所具备的典型特质上不谋而合。宏观上，多维参与模型体现了学习参与度离不开学习者的主动建构与交互、学习者的合作意识与能力以及相应的学习环境的支持。但是多维参与模型缺乏对学习参与度微观层面的分析，缺乏相应维度的可量化和可操作的关系分析，存在一定的局限性。

三、课程参与度构成要素及模型构建

明确课程参与度的构成要素是研究课程参与度影响因素的基础前提。依据对国内外研究的梳理和归纳，对课程参与度展开分析，建构了包含两维五要素的课程参与度构成模型（见图1-1），其中，个体参与维度包括认知参与、情感参与、行为参与三要素，环境感知维度包括课程内环境感知和课程外环境感知两要素。

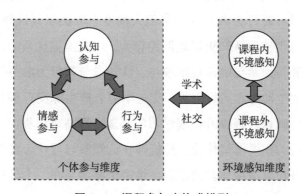

图1-1 课程参与度构成模型

① Kuh G D. What Student Affairs Professionals Need to Know About Student Engagement [J]. Journal of College Student Development，2009（6）：683-706.

（一）个体参与维度

（1）个体参与维度构成要素。学习者的个体参与是课程参与度的主体性要素，包括认知、行为、情感等参与情况。学习者的认知参与反映了个体愿意付出必要的努力，去理解复杂观点和掌握高难度技能的心理能量。[①] 学习者的认知参与主要负责规划、筹谋学习者参与课程学习的过程和策略，参与水平见于其思维在深度和广度上的延伸。学习者的情感参与是其在课程学习过程中所获得的情绪体验，主要负责调控学习者参与课程学习的信心和耐心，是"个体参与"的保障。学习者的行为参与反映了个体实际付出的努力情况，负责践行、操作认知和情感参与的过程、结果，是"个体参与"最显著的外在表现。

（2）个体参与维度构成要素之间的交互作用。认知参与、行为参与和情感参与相互促进、相辅相成，形成的有效交互是学习者知识建构和能力发展的内生创造力。明确三者的交互作用有助于揭示个体参与维度的作用机理。

第一，认知参与和情感参与调控行为参与。根据班杜拉三元交互决定论中人与行为之间的交互决定关系可见，学习者的认知过程是行为产生的直接依据。因此，学习者行为参与的质量很大程度上取决于其认知参与的情况。而学习者的情感则辅助认知更好地调控行为，以获得更优质的行为参与。第二，认知参与和行为参与维持情感参与。认知参与和行为参与作为学习者参与课程学习的内生动力和运行动力，促进学习者产生深度理解和良好行为表现。学习者会伴随该过程提升课程学习的兴趣、提高对课程内容的注意，获得参与课程学习的积极情绪体验，并能够在认知参与与行为参与的良性交互作用下阻止这种积极情绪体验的消退，维持情感参与在一个较高水平上。第三，行为参与和情感参与优化认知参与。认知参与在调控行为参与、维持情感参与的同时，也在接受行为参与和情感参与的反馈。学习者较高水平的行

---

① R. Newman, M. Chwager. Student's Perceptions of the Teacher and Classmates in Relation to Reported Help Seeking in Math Class ［J］. The Elementary School Journal, 1993 (1)：3-17.

为参与和情感参与，有助于提升学习者认知参与的质量，如增加学习者课程学习过程中高阶思维的频率、深度和多样性等。

（二）环境感知维度

（1）环境感知维度构成要素。学习者对环境的感知是课程参与度的辅助性要素，包括课程内环境感知和课程外环境感知。课程内外环境是指存在于教学过程中、支持学习者学习的各种物理的、社会的和心理的因素总和。[①] 课程参与理论指出，"学习者的学习可以理解为参与和融入的过程，学习环境在很大程度上对学习者学习产生了影响"[②]。学习者参与课程学习不仅需要认知、情感和行为的参与，还需要环境的支持和建构。

课程内环境感知是学习者对学习资源、设施、活动乃至学习风气等的综合体验，主要负责建立学习归属感和新旧知识联系等。课程外环境感知是学习者对家庭、社会的文化、资源等的体验，主要负责将累积的经验、常识、见闻与课程内容相联系，产生学习需求、整合学习资源、应用学习结果。

（2）环境感知维度构成要素之间的交互作用。环境感知包括课程内环境感知和课程外环境感知，是指学习者体验到的辅助、支持自己更好地参与课程学习、具备信息整合功能的所有载体，其涵盖面较广，教师、同伴、资源媒介、学习活动、家庭条件、社会背景等均包含在内。

课程内环境引导学习者更好地感知课程外环境，而课程外环境辅助学习者更好地建构课程内环境。课程内环境直接支持学习者的课程参与，由学习者主动建构而成。学习者在建构课程内环境时调动自身已有的课程外环境信息，有助于学习者更加清楚地认识课程外环境的特征、构成、质量等，在潜移默化中拓展和加深学习者对课程外环境的认知。课程外环境则间接影响学习者的课程参与，学习者在理解或建构课程外环境时，也需要调用课程内环

---

① 范春林，董奇. 课堂环境研究的现状、意义及趋势［J］. 比较教育研究，2005（8）：61-66.

② Aatinaw. Achieving Educational Excellence：A Critical Assessment of Priorities and Practices in Higher Education［M］. New York：Josse Bass Higher and Adult Education，1985：133-134.

境所提供的相关经验。两环境间的相互作用构成了学习者参与课程学习的大环境，支持学习者参与课程学习的各种活动。

(三) "个体参与"和"环境感知"交互维度

交互广泛存在于学习者的学习过程，个体参与与环境感知间的交互动力不仅来源于学术性投入，社交性投入也是至关重要的动力源①。学术与社交作为课程学习的需求和目标，在学习者认知、情感、行为参与与课程内外环境感知的交互之间起到支持性的中介作用，实现个体参与与环境感知间的信息流动，促进学习进程中学习者课程资源的内化和学习成果的产出。

(1) "环境感知→个体参与"的信息输入。家庭环境及社会文化大环境塑造的学习者的观念、意识、性格是其参与课程学习的前提条件之一；教师、同伴、课程资源、教学模式、学习活动等构成的与学习者直接对话和接触的环境则是学习者参与课程学习不可或缺的组成部分。课程内环境与课程外环境将学习者可能接触到的课程相关信息进行归类和整合，以便学习者根据自身认知参与、情感参与、行为参与的需要进行辨别和获取，选择并提炼出适合自身理解和建构的信息数量和信息类型，进行进一步的课程信息加工和学习结果的产出。

(2) "个体参与→环境感知"的信息输出。学习者通过认知、情感、行为的内在交互，推动、强化、保障自身的课程参与度。学习者的认知是知识建构和能力提升的内生动力，体现了学习者课程参与的本质过程。学习者的行为使认知结果可操作化，体现了学习者课程参与的外显过程。学习者的情感则是强化正向认知和行为过程的催化剂，而其积极的情感体验又源于认知和行为的高度卷入。三者间的有效互动为学习者高效的信息加工提供基础性和重要性动力，有助于其高质量学习结果的输出，以影响课程内外环境中信息的丰富程度和整合维度。

① Fredrick J A, Blumenfeld P C, Paris A H. School Engagement: Potential of the Evidence [J]. Review of Educational Research, 2004 (1): 59-109.

四、课程参与度影响因素及影响模型构建

以课程参与度构成要素及其模型为基础，具体化、结构化、系统化探究课程参与度影响因素及交互作用，明晰课程参与度影响因素、构建课程参与度影响模型（见图1-2），是探析课程参与度提升策略的重要途径。

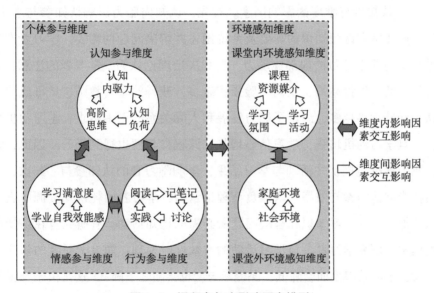

图1-2 课程参与度影响因素模型

（一）个体参与维度的影响因素及交互作用

个体参与维度作为课程参与度的构成主体，其影响因素的探究围绕认知参与、情感参与、行为参与三个构成维度展开，并分别分析三维度内和维度间的影响因素交互作用，理清顺序、找准关系，以便为制定个体参与维度的课程参与度提升策略提供参考。

1. 认知参与维度的影响因素及交互作用

认知参与是个体对学习的心理投资，其影响因素一般包括认知内驱力、认知负荷、高阶思维等，三者在发挥自身影响作用的同时，其交互循环作用也影响认知参与（见图1-3）。

图1-3 认知参与维度的影响因素及交互作用关系

（1）认知参与维度的影响因素。首先，认知内驱力影响认知参与水平。出于理解和掌握课程知识的需要及系统阐述并解决问题的需要，学习者产生并维持参与课程学习的内部驱动力。自我决定理论认为，学习者的注意、记忆、认知活动质量越高，正向经验累积越多，获得的来自教师、父母或同伴的认可和奖励等越多，满足了能力发展和人际关系的更多需求，学习动机增强。一旦学习动机增强，学习信心增加，课程参与度也得到提升。因此，认知内驱力通过连接认知活动与学习结果，影响学习者的认知参与。其次，认知负荷影响认知参与效率。认知负荷理论认为，学习者消耗认知资源所进行的认知加工是其学习知识和解决问题所必需的认知活动。有研究者在认知负荷的框架下研究学习者参与学习活动的有效性时发现：如果学习者的认知负荷过大，学习效率反而会降低，课程参与度也会随之下降[1]，这是由于当提供给学习者的信息量超过其信息处理的上限时会形成信息超载，此时，即使所接收的信息具有潜在价值，也不能为学习者提供帮助，反而会妨碍其学习进程[2]，因此，控制提供给学习者的资源丰富度，保持其认知负荷在适当的范围内，有利于其学习进程的优化和学习时间的合理利用。最后，高阶思维影响认知参与质量。学习者参与课程不仅是获取、内化知识的过程，还是探究、协作、反思等发生发展的过程。高阶思维即具有"认知复杂性、低规范度、

---

① Lin L, Atkinson R K. Using Animations and Visual Cueing to Support Learning of Scientific Concepts and Processes [J]. Computers&Educations, 2011 (3)：650-658.

② Eppler M J, Mengi S J. The Concept of Information Overload：A Review of Literature from Organization Science, Accounting, Marketing, MIS, and Related Disciplines [J]. The Information Society, 2004 (5)：325-344.

无明显结构性"特征的思维方式①，学习者通过在课程中与教师、同伴之间交流，将思考过程外显化、可视化，帮助自己理清思路、调整策略，并进一步促进自己在课堂内外就课程内容展开交流互动，以提升认知参与度，形成一个良性循环。

（2）认知参与维度各影响因素之间的交互作用。认知参与受认知内驱力、认知负荷、高阶思维等的影响。学习者在学习动机和学习目标的双重作用下，能够主动对课程相关信息进行分析、综合、评价等高阶思维活动，有助于学习者的知识建构、整合、运用以及创新技能的习得，以推动课程学习进程和提升课程学习水平。因此，认知参与的作用机理是在认知内驱力的驱动下，学习者获取适当的认知负荷，激发和促进高阶思维活动，学习者高阶思维所取得的学业成果维持其认知内驱力在所需水平之上，促进良好的认知参与。

2. 情感参与维度的影响因素及交互作用

情感参与指个体对学习的情感反应，其影响因素一般包括学习满意度和学业自我效能感（见图1-4），二者针对不同学习阶段的个体产生影响，与其交互循环作用共同调控个体的情感参与。

图1-4　情感参与维度的影响因素及交互作用关系

（1）情感参与维度的影响因素。首先，学业自我效能感影响学习者的形成性情感体验。学习者在学业上的自我效能感作为情感参与的过程性指标，是学习者对自己完成某一特定学习目标所需能力的评估依据②，可作为学习者

①　Sternberg R J. Thinking Styles ［M］. Cambridge：Cambridge University Press, 1997：20-35.

②　Bandura A. Fearful Expectations and Avoidant Actions as Co-effects of Perceived Self-inefficacy ［J］. American Psychologist, 1986（41）：1389-1391.

预估自己的课业完成情况的经验性参考。这种形成性情感体验能够帮助学习者在完成某个步骤时获得积极的心理感受，从而继续维持较高的情感参与度。柏宏权等在分析参与式学习活动——同伴互评数据的基础上发现：学业自我效能感是维持学习者参与积极性的动因之一，学业自我效能感高的学习者参与度较高且稳定，而学业自我效能感低的学习者初始阶段积极性较高，随着活动持续开展，积极性逐渐降低。① 因此，学业自我效能感交织在课程学习过程中，在一定程度上促进学习者不断更新对自我能力的认知。而随着学习者对自我认知的不断深入和能力的不断增强，自我效能感的形成性功能不断帮助维持学习者的情感参与。其次，学习满意度影响学习者的总结性情感体验。本科生学习满意度作为高等教育评估与管理的重要内容之一，是学习者参与高等教育之后，对其感知最直接的评价。② 一方面，学习者在课程学习告一段落时，回顾个人学习需求是否得到满足，是学习者以参与者的身份进入学习过程和研究视域后，对该阶段参与课程学习的情感体验的归纳总结。另一方面，学习者参与学习过程包括身心参与课程学习的数量和质量，学习者不仅能够通过自身参与形成满意的心理感受，而且学习参与是其学习满意度可测量的主要内容。③ 因此，学习满意度围绕学习者"参与和体验学习过程的质量"而展开，并且使用实证方法与技术调查学习者的学习满意度有助于提升参与质量。有研究者在学习满意度框架下研究课程参与的提升策略发现：基于课程的学习参与和学习满意度之间存在直接正相关关系④，也就是说学习者获得的学习满意度越高，课程参与度也越高。

（2）情感参与维度各影响因素之间的交互作用。情感参与受学业自我效能感和学习满意度等的影响，二者作为形成性情感体验和总结性情感体验发挥的综合作用有助于强化学习者课程参与的效能。学习者通过参与课程学习

---

① 柏宏权，韩庆年，万曼. 学业自我效能感对大学生在线同伴互评行为的影响研究 [J]. 现代远距离教育，2019（6）：45-52.

② 文静. 大学生学习满意度：高等教育质量评判的原点 [J]. 教育研究，2015（1）：75-80.

③ 史秋衡，文静. 大学生学习满意度测评逻辑模型的构建 [J]. 大学教育科学，2013（4）：53-60.

④ 沈忠华，邹大光. 大学生在线学习成效及满意度的影响因素探究：基于结构方程模型的实证分析 [J]. 教育发展研究，2020（11）：25-36，59.

而获得的来自教师、同伴、家长等的积极反馈有助于增强信心，更新自我认知，以获得、提升学习者的学业自我效能感，促进形成良好的形成性情感体验。而学习者在良好形成性情感体验的引导下，会增加参与课程学习的热情和积极性，更加认真地去完成课程学习任务，获得更高质量的学习结果，促进形成良好的总结性情感体验，以提升学习者的学习满意度。学习者在课程学习过程中经过上述两要素之间的交互作用，促进良好的情感参与。

3. 行为参与维度的影响因素及交互作用

行为参与表现为个体的学习行为，其影响因素一般包括阅读、记笔记、讨论、实践等（见图1-5），它们在学习进程中不断被个体循环表现出来，共同作用于个体的行为参与。

图1-5　行为参与维度的影响因素及交互作用关系

（1）行为参与维度的影响因素。首先，阅读影响学习者行为的输入。学习者以阅读文本型学习资源获取有关课程内容的重要信息，是学习者参与课程学习的基础条件，并且有研究表明阅读方式影响学习效果：学习者在阅读时划出每段中的关键语句，其学习效果比被动地阅读段落要好。[①] 其次，记笔记影响学习者行为的输出。在建构主义理论视域下，记笔记是帮助学习者将所学内容的相关信息从短时记忆向长时记忆转移的一项学习技能。[②] 采用建构主义学习方式的学习者有选择地筛选和提取课程资源所提供的重要信息，同时用自己的语言进行总结并解决具体问题，从而促进认知的进一步参与。有学者通过对基于网络的学习者共享笔记的调查研究发现：引导开展合作性记

---

① Rickard J P, Friedman F. The Encoding Versus the External Storage Hypothesis in Note Taking [J]. Contemporary Education Psychology, 1978 (2)：136-143.

② Anderson J R. Cognitive Psychology and Its Implications [M]. New York：Freeman, 1995：379.

笔记，学习者表现出更愿意反馈和提问题的外显学习特征。[①] 因此，共享笔记行为是高水平课程参与度的典型特征。再次，讨论影响学习行为的双向互动。学习者与同伴、教师之间的沟通和交流既涉及个人观点的输出又涉及他人观点的输入。因此，信息在个体间的双向流动有助于加深学习理解、推动学习进程、增加学习热情，是课程学习过程中最显著的参与行为。最后，实践影响学习者对行为的检验。基于前期资料的搜集、理解、建构和分享等，学习者参与相应的应用性较强的实践或实验活动，以此巩固和夯实个人对课程理解的深度和精度，因此，自主实践行为是体现课程参与效能的重要指标。

（2）行为参与维度各影响因素之间的交互作用。行为参与受阅读、记笔记、讨论、实践等的影响。课程学习任务由多个部分组成，意味着学习者参与的是较为复杂、综合性较强的学习，但再复杂的学习内容，其行为参与都有章可循。阅读、记笔记、讨论、实践是学习者逐步加深课程参与度的循序渐进的过程。学习者首先阅读课程相关的资源，其次在海量资源中提取、建构主干内容，再次就自己的初步学习结果与同伴分享、分析和讨论，最后依据经过修正的学习结果展开实践，通过在实际操作过程中运用所学、积累经验并发现问题，然后再搜索阅读相关资源以拓展和深化对课程内容的理解，促进良好的行为参与。

4. 三维度间的影响因素交互作用

（1）认知参与维度与行为参与维度的影响因素交互作用体现在：认知内驱力影响学习者阅读课程资源的意愿；认知负荷影响学习者记笔记和参与讨论的难度；高阶思维影响学习者的实践效能和再次投入阅读的可能性。阅读、记笔记、讨论帮助学习者逐步减轻认知负荷，激发高阶思维；实践过程和结果调控学习者的认知内驱力。

（2）行为参与维度与情感参与维度的影响因素交互作用体现在：阅读范围、笔记质量和讨论贡献率影响学习者的自我效能感；实践的过程和结果影

① 柴阳丽，陈向东，李玉. 社会性交互对在线阅读的影响：基于"微信读书"的调查［J］. 开放教育研究，2019（4）：90-100.

响学习者的学习满意度，优化学习者的情感体验。学习满意度影响阅读、记笔记、讨论、实践的积极性；学业自我效能感影响学习者的实践质量。

（3）情感参与维度与认知参与维度的影响因素交互作用体现在：学习满意度和学业自我效能感均影响学习者的认知内驱力，从而影响学习者认知负荷的获取和高阶思维的发生，支持学习者的各种认知活动。认知内驱力和认知负荷在一定程度上决定了学习满意度的高低；高阶思维影响学习者获取学业自我效能感。

（二）环境感知维度的影响因素及交互作用

环境感知即学习者对周围环境的感知，是学习者对所处环境的主观映像。学习者的环境感知结果参与课程，将外部环境信息转化为内部学习支架。环境感知维度一般包括课程内环境感知和课程外环境感知两个构成维度。在分析两维度和综述已有文献的基础上归纳出环境感知维度的影响因素，并进行相应的交互作用分析，以便为制定环境感知维度的课程参与度提升策略提供参考。

1. 课程内环境感知维度的影响因素及交互作用

课程内环境感知是学习者对课程内信息的接收和内化，其影响因素主要包括课程资源媒介、学习活动、学习氛围等（见图1-6），它们之间的交互循环作用同样影响学习者对课程内环境的感知。

图1-6　课程内环境感知维度的影响因素及交互作用关系

（1）课程内环境感知维度的影响因素。学习者对课程内环境的感知动态地与学习者参与课程学习的实际情况关联，受课程教学过程中形成的学习氛围、开展的学习活动、采用的课程资源媒介等影响。学习氛围是共同学习的师生都保持较高的注意力，形成及时的反馈系统，通过课程参与者之间高质量的学习互动营造更有利于学习、思考的人文环境；学习活动具有较强的结构性、目的性和设计性，可以是学习者广泛参与的合作探究、同伴互评等；课程资源媒介是指书籍、图像、视频、音频等资源传输载体，教师、同伴等也是学习者接收信息的重要媒介，资源媒介需基于课程内容适配，为课程学习活动的开展提供策略支持，进而为学习者知识建构和能力提升提供环境上的直接支持。

（2）课程内环境感知维度各影响因素之间的交互作用。学习者对课程内环境的感知受课程资源媒介、学习活动、学习氛围等的影响。课程资源媒介为学习活动的开展提供依据，如现有书籍、音视频的内容如何，师生状态如何等，都是学习活动设计和实施的参考内容；学习活动为学习氛围的形成奠定基础，学习者在一系列的学习活动中共同营造学习氛围；学习氛围通过提升教师、同伴间的交互质量，进一步优化课程资源媒介。学习者在上述三个影响因素的交互作用下不断更新对课程内环境的感知。

2. 课程外环境感知维度的影响因素及交互作用

课程外环境感知是学习者对课程外信息的接收和内化，其影响因素主要包括家庭环境和社会环境（见图1-7）。与课程内环境感知不同的是，课程外环境感知的影响因素对学习者的作用是潜移默化的，是较为漫长的、非即时的。家庭与社会环境的交互循环作用同样影响学习者对课程外环境的感知。

图1-7　课程外环境感知维度的影响因素及交互作用关系

（1）课程外环境感知维度的影响因素。课程外环境使学习者具有先验性，主要受家庭环境和社会文化大环境的影响。家庭各成员间的关系所营造的家庭氛围，社会文化大环境通过各种媒介载体传递给学习者的是非观、价值观、理想信念等都对学习者的思想品德、思维方式、心理素质有着潜移默化的影响。家庭环境和社会文化造就了学习者在课程参与风格、意愿、程度等方面的差异。在日常生活中，影响学习者思维、习惯、性格特质的家庭背景以及社会文化背景在时间和空间上并无明显界限。

（2）课程外环境感知维度各影响因素之间的交互作用。学习者对课程外环境的感知受家庭环境和社会环境的影响。在日常生活中，学习者更多地受到家庭与社会的综合影响。家庭环境诞生于社会文化大环境，学习者的父母均来自社会，他们本身就受到社会环境潜移默化的影响，因此，由他们构成的家庭环境来自社会文化大环境；社会文化大环境塑造家庭环境的同时，也在接受家庭环境的影响，家庭观念和行为的泛化、传播在一定程度上调控着社会环境。家庭环境和社会环境相互作用，共同为学习者感知课程外环境提供依据。

3．二维度间的影响因素交互作用

（1）"课程内环境感知维度→课程外环境感知维度"的影响因素交互作用体现在：学习者将从学习活动和学习氛围中获取的综合体验带入家庭环境，影响学习者与家庭成员的交互；课程资源媒介的开发和使用，在教育活动的广泛开展过程中不断影响着社会环境。学习活动、学习氛围、课程资源媒介等在一定程度上影响学习者对课程外环境的感知。

（2）"课程外环境感知维度→课程内环境感知维度"的影响因素交互作用体现在：家庭环境影响学习者在学习活动中的表现和班级学习氛围的构建；社会文化大环境决定了课程资源媒介可采用的种类和范围。家庭环境和社会环境潜移默化地影响着学习者对课程内环境的感知。

五、结语

本研究基于课程参与度的构成要素探究课程参与度的影响因素，既说明了不同维度下的各影响因素对课程参与度的影响，也分析了各影响因素间及各维度间的交互作用对课程参与度的动态影响。这有助于教师系统、直观地审视本科生的课程参与机制，理解学习者的认知参与、情感参与和行为参与之间的区别与联系，并理解学习者的环境感知与个体参与之间的关系；也有助于教师全面考量本科生课程参与度提升策略：从认知上注重调节学习者的认知负荷并激发学习者的认知内驱力，从情感上注重提高学习者的学习满意度与学业自我效能感，从行为上注重采用提高参与度的学习方法。除此之外，还应在课堂学习氛围设计、课程资源供给、学习活动设置等方面为学习者提供有效课程参与的课堂内环境。当然，包含家庭和社会在内的课堂外环境也影响着学习者的课程参与度，如何加强家校沟通及家校共育、如何理解并主动参与社会环境建构都是教师应该思考的问题。

总之，理清本科生课程参与机制，可为从哪几个方面、以何种程度、采用何种策略提升学习者的课程参与度提供参考。后续还将基于该理论研究展开实证研究，以进一步划分各交互影响水平，并制定相应的调控策略，达到提升学习者课程参与度和学习效能的目的。

第二章

指向深度学习的一流课程教学设计

第一节　深度学习的教学设计

大学课程是以适应社会需求和大学生发展为目标的，包括课程目标、课程内容、课程实施、课程评价在内的有机的、动态的系统。随着时代进步和对教育理解的深入，人们试图用更符合时代要求的观念、方法和技术促使课程教学设计从浅层迈向深层。[①]

目前深度学习教学策略在具体实施中也存在以下问题。第一，重生轻师、重学轻教。过于强调学生的主动性，弱化教师的主导作用，而缺乏教师的科学引导，学生难以完成深度学习。应该做到看起来是学生自己活动，实际上是教师在主导。第二，重高阶目标，轻浅层目标。忽略对基础知识的学习，不完成浅层知识的学习，无法完全理解基础理论知识，就无法应用基础知识开展高阶活动。第三，重高难知识点，轻系统逻辑构建。片面增加难度，认为难即是深，学生学到的知识是粗浅和零碎的，也无法支撑深度学习。

本研究认为深度学习教学设计应具有以下特征。

---

① 陈明选，周亮. 数智化时代的深度学习：从浅层记忆走向深度理解 [J]. 华东师范大学学报：教育科学版，2023，41（8）：53-62.

一、教学目标要聚焦高认知目标

将培养学生的高阶思维能力作为教学目标，改变以"记忆、理解和机械应用"为教学目标的现状，将"分析、评价和创造"作为教学目标。深度学习这个过程要求学习者在知识积累的基础上批判性地看待问题，并创造性地使用知识解决问题，是一个积极动态的知识建构过程和思维过程。思维发展是衡量学习者是否真正达到深度理解的重要标志。学习者需要运用元认知、反思、辩论、总结等认知策略，积极调节、内化、建构自己的认知结构，实现从简单的知识积累转向知识的再创造，从而真正理解和吸收知识背后的深层意义，并内化为自身的固有属性。

因此，深度学习目标是将学习者的知识学习、思维态度看作一个整体，重点关注学生在解决实际问题时所展现的思维、采用的解决方法以及对知识的恰当迁移与应用，鼓励他们对事物进行批判性思考、采取积极的态度直面问题，并获得解决复杂问题的能力，推动学生对知识从了解、知道、记忆的浅层理解到应用、分析和创造的深度学习水平。

二、课程内容：聚焦更高的认识价值与公共价值

目前人类获取知识的途径更加多样化。教师要打破课本内容结构，灵活整合学科知识，让学生有意识地从获取孤立的知识点转变为构建自身的知识体系和认知结构。课程内容设置要遵循知识的理论性、系统性与专门性原则，确保具有更高的认识价值与公共价值，从而为学生提供高起点的认知对象。高质量的课堂学习首先必须帮助学生构建扎实的学科知识体系，否则素质和能力的培养就如同无源之水、无本之木，难以稳固和提升。

三、教学方式和教学组织：聚焦批判思维能力的培养

在浅层学习阶段，记忆策略、刻意练习等学习方法都能使短时记忆转化

为长时记忆，从而建立牢固的知识基础，为后续应用和迁移做好准备。深层学习是学生通过自主学习、互相协作、问题解决、批判性思考等方式掌握学习内容。结合先前知识学习能帮助学生联系新旧知识，总结、精细化组织、概述、转述等策略有助于学生对获得的知识进行重新组织、编码和内化。到了迁移学习阶段，元认知策略能发挥更重要的作用，将自己的知识和技能迁移到陌生情境，完成任务后评价、反思过程和结果的充分性和合理性。

深度学习应该包含上述浅层学习和迁移学习，所以深度学习课堂的教学方式包含 5 个特征：体验和亲历知识的发生过程、建构并融入已有的知识结构、探究和归纳事物的本质规律、迁移和应用真实的问题解决方案、评价并反思学习的价值意义。指向深度学习的教学方法要通过开展项目制学习、基于问题的学习、合作学习引导学习者进行深度反思、迁移应用，来培养学习者的批判思维能力，见表 2-1，不同的学习活动实现的学习深度不同。①

表 2-1　各种学习活动与学习深度

学习活动	被动接受	主动操作	建构生成	交互会话
听讲座	专心听讲不做其他任何事	重复内容；抄写求解步骤；逐字记录	大声表达；画概念图；提问	提出观点，与他人争辩或讨论（配对或小组）
读课文	默读/朗读材料不做其他任何事	划线；标记；通过复制删除来总结	自我解释；整合内容；用自己的话记笔记	与同伴一起提问或回答综合问题
看视频	只看不做其他任何事	暂停；播放；快进；回放等操作视频	解释视频里的概念；与先前知识或其他材料做比较	与同伴辩论；讨论异同

四、教学评价：聚焦思维评价

对学生的学习水平和学习效果开展评价，判断其是否进行了深度学习，

---

① Chi M T H, Wylie R. The ICAP Framework: Linking Cognitive Engagement to Active Learning Outcomes [J]. Educational Psychologist, 2014, 49 (4): 219-243.

并根据获得的反馈信息，及时调整教师的教学策略与学生的学习方法。研究表明，形成性评价有助于学生的深层学习，而终结性评价会诱导学生的浅层学习。教师要改变工具性、终结性的评价方式，减少对事实性知识的检查，更多关注学生对知识的理解、整合与应用能力，重点评价学生的思维能力、创新能力与解决问题的能力及其变化。约翰·比格斯的 SOLO 分类法可作为评估学生学习质量的参考。

第二节　深度学习的教学目标

一、教学目标

教学目标是对学习者知识预期变化的明确描述，旨在使学习者明白在课堂教学后自己应该掌握哪些先前并未掌握的知识，或者说它明确了学习者的知识应该产生什么样的变化。我国著名教育家顾明远教授主编的《教育大辞典》对教学目标的定义是，教学目标是教学中师生预期达到的学习结果和标准。人类的一切行为都有目的，教学也当然有其目的性。教学目标将直接决定教师在课堂教学中需要选择什么样的教学方法和教学内容，而且教学评估也必须根据教学目标来展开。因此，教学目标对教学设计和教学过程至关重要，直接影响教学效果。可以认为，教学目标暗含了以下问题：知识是什么？学会后能做什么？如何评价？①

明确教学目标有助于学习者明确心理预期，改善学习表现，动机理论将此解释为：①目标把我们的注意力引向任务；②目标调动了努力的欲望，对完成任务跃跃欲试；③目标可以增加努力，将集中精力直至达到目标。

教学目标和课程目标在教育领域中都是非常重要的概念，但它们有着不同的含义和作用。首先，教学目标通常是指在一个特定学科或课程中，教师希望学生在学习后能够达到的具体成果。教学目标通常以学生为中心，非常

---

① 毛伟. 意义学习和教学设计：梅耶教学设计理论研究 [M]. 杭州：浙江大学出版社，2018：176.

具体简洁，可以衡量和评估，并且与教学实践紧密相关。而课程目标则是指一门课程或整个课程体系要达到的整体目标。因此，课程目标通常更加宏观，关注的是学生的整体发展和能力提升，在大学中，通常根据学校定位和专业特色来确定。

虽然教学目标和课程目标有所不同，但它们之间存在一定的联系。课程目标是制定教学目标的依据，而教学目标则是实现课程目标的具体手段。也就是说，教学目标应该与课程目标保持一致，以帮助学生实现整体的发展目标。

总之，教学目标和课程目标都是教育过程中的重要组成部分，它们各自有着不同的作用和意义，但都是为了促进学生的全面发展。在实际的教学过程中，教师需要根据课程目标和学生的实际情况，制定具体的教学目标，并采取有效的教学策略，以帮助学生达成这些目标。

二、面向深度教学的教学目标分类

1949—1953 年，研究教育目标分类的美国教育工作者组成委员会，以分类法形式为学生设立系统化的学习目标，形成从易到难的学习目标层级结构。作为一系列的会议成果，《教学目标分类指导手册（一）：认知领域》和《教学目标分类指导手册（二）：情感领域》先后于 1956 年和 1964 年出版，但计划内的动作技能领域的目标分类法未能出版。

（一）知识领域教学目标

关于教学目标，大家最为熟知的是布鲁姆的教学目标分类。2001 年，对该分类法进行了修订，被称为"布鲁姆教学目标分类法（2010 版）"。修订后的目标分成了两个维度：知识维度和认知过程维度。

1. 知识维度

知识维度包括事实性知识、概念性知识、程序性知识和元认知知识（又译为"反省认知知识"）4 类，其含义见表 2-2。上述 4 类知识帮助教师在教学中明确到底"教什么",教的是哪一类的知识。事实性知识,是指有关我们周围世界的一些事实,如"泰山位于山东";概念性知识,指有关事物类别、原理的知识,如"马斯洛需要层次理论将需要分为5个层次";程序性知识,指有关如何做的知识,如"问卷调查实施步骤";元认知知识,关于学习者如何管理自己学习的策略性知识,如"文献阅读应该如何进行"。

表2-2 知识分类及其含义

知识维度	含 义
事实性知识	指有关我们周围世界的一些事实
概念性知识	指有关事物类别、原理的知识
程序性知识	指有关如何做的知识
元认知知识	关于学习者如何管理自己学习的策略性知识

2. 认知过程维度

认知过程维度具体分为记忆、理解、应用、分析、评价和创造6个层次,由一些学习动词构成,提示学习过程中要"做什么",见表2-3。

(1)记忆,是指对具体知识或抽象知识的认识和记忆。记忆包括"再认"(recognize)和"回忆"(recall),再认主要是要求学习者从某一范围中选择与自己已掌握知识相符合的内容,它会牵涉比较、判断。回忆则是要求学习者从长时记忆中直接提取相关知识。

(2)理解,是指学习者从教师所呈现的教学材料中建构意义,只要求对事物的领会,不要求深刻地领会。联想、比较、区分、阐明、总结、说明等都可以归入"理解"这一类别。

(3)应用,是指对所学习的概念、法则、原理在新的、不同的、现实的情境中的运用。如果能将概念、原理或技能应用于解决新的问题和新的情境中,说明它充分掌握了这些内容,"纸上得来终觉浅,绝知此事要躬行",布鲁姆等将应用看作理解的关键所在,并且这种应用和许多课堂上常见的选择或填空之类的"假应用"完全不同。

(4)分析,是指把材料整体分解为要素,明确各要素间的相互关系,使材料的组织结构更清晰。

（5）评价，综合内在与外在的资料、信息，理性深刻地对事物本质和价值做出判断和推断。

（6）创造，是以分析为基础，加工被分解的各要素，并根据新的要求把它们重新地组合成新的整体，以便综合地创造性地解决问题。

表2-3　认知过程

序号	认知加工过程	定　　义	相关行为
1	记忆	对具体知识或抽象知识的认识	定义、排列、列举、描述、回忆、排序
2	理解	从所呈现的教学材料中建构意义	联想、比较、区分、阐明、总结、概括、推断、说明
3	应用	在特定情境中执行或实施某一程序或过程	运用、计算、分类、估算、执行、展示
4	分析	将学习材料分解为其组成部分，并确定部分与部分之间以及部分与整体之间是如何相互关联的	考查、解释、调查、描述、分类、比较、推断、区分、辨别、说明、优先、图解
5	评价	基于某个标准对问题做出评价	判断、挑选、决定、证明、证实、维护、辩论、说服、建议、评定
6	创造	各个要素结合在一起，形成连贯一致的整体或功能性整体，或指学习者将各要素加以重新组织，形成一个新的模式或结构	适应、预计、合并、组成、发明、设计、想象、效仿、提议、推理、规划

很明显，知识无法帮助学生应对现实世界复杂的挑战，教会学生自己进行意义建构应该是深度学习的教学目标之一，因此需要让学生更多地实施表2-3中"分析""评价"和"创造"中所列举的行为[①]。

（二）情感领域教学目标

情感领域分类法分为接受、反应、形成价值观念/评价、组织价值观念系统、价值体系个性化5个层次，其中形成价值观念/评价、组织价值观念系

---

① 汤智，计伟荣. 金课：范式特征，建设困局与突围路径 [J]. 中国高教研究，2020（11）：6.

统、价值体系个性化是较为深度的情感领域的目标。

（1）接受：指学生愿意注意特殊的现象或刺激（如课堂活动、教科书、文体活动等）。这是较低的价值内化水平。

（2）反应：学生主动参与学习活动并从中得到满足。这类目标与教师通常所说的"兴趣"类似，强调对特殊活动的选择与满足。

（3）形成价值观念/评价：指学生将特殊对象、现象或行为与一定的价值标准相联系，将对所学内容的价值肯定变成为一种稳定的追求，相当于通常所说的"态度"。

（4）组织价值观念系统：整合多种不同的价值标准，调和其中的矛盾和冲突，以构建一个内部一致的价值体系。与人生哲学有关的教学目标属于这一级水平。

（5）价值体系个性化：指个体通过前 4 个阶段的内化之后，所学得的认知观念已成为自己统一的价值观，并融入性格结构之中。

（三）动作技能领域教育目标

辛普森（E. J. Simpson）认为动作技能领域的教育目标，包含知觉、准备、有指导的反应、机械动作、复杂的外显反应、适应、创作 7 类。动作技能的各个层次也可以用一些特殊学习结果和行动的动词加以表示。

三、教学目标的陈述方式

近三十年来，许多教育心理学家致力于教学目标陈述方式的研究，力求克服教学目标含糊不清的问题。其中，较具代表性的有马杰（R. Mager）的行为目标陈述法、格伦兰（N. E. Gronlund）的内外结合目标陈述法，以及艾斯纳（E. W. Eisner）提出的表现性目标陈述技术等。目前，在教学目标的陈述上，普遍采用由阿姆斯特朗和塞维吉（D. G. Armstrong & T. V. Savage，1983）提出的"ABCD"目标陈述法，即一条完整的教学目标由行为主体、行为表现、行为条件和表现程度四要素构成。

A（audience）：即行为主体，"谁学"，学习主体是学生，通常省略不写。

B（behavior）：行为表现（行为动词+核心概念），即学（到）什么，描述学生达到预期学习结果所表现出的具体的、可观察的行为，如"会准确认读声母 b""背诵古诗《春晓》""学会用圆规画圆"等。

C（condition）：行为条件，即怎么学（如何展现），描述影响学生学习结果的特定的条件、限制或范围等，如"通过小组合作讨论""联系上下文""5 分钟内"等。

D（degree）：表现程度，即学到什么程度，用以描述学生的学习成效或学习结果的实现程度。

当我们把 4 个要素按照一定顺序组合在一起时，就可以写出一条完整的教学目标。采用"ABCD"目标陈述法叙写教学目标要注意以下几点。

第一，行为主体是学生。传统的教学目标往往是针对教师提出要求，在叙写中经常出现"增强学生的合作能力""培养学生探究能力""提高学生语言表达能力"等表述。而"以学生为中心"的教学，教学目标是教师期望学生学习所达到的目的，目标的实质是对学生的行为进行描述。所以，应该是"学生合作能力增强"等。

第二，行为动词要可观可量。行为动词的表述是目标叙写的关键一环。叙写教学目标时，要选择明确、具体、可观察、可检测的行为动词，切忌选择笼统、模糊、抽象、不可测的描述。通常选择行为动词时要注意：一是要清晰地传达出教学意图；二是要明确地展现出学生达到预期教学目标的具体行为表现。例如，"辨认"这一行为动词，在不同学科又可表述为"指出""触摸""画出""圈出"等，研究时要选择最能证明学生达成目标的行为动词。

当然，目标教学是一把双刃剑，它虽使教学目标变得明确，但是也变得功利、窄化和被动，因为课堂教学所带来的对学生发展有利的效果并非都是可检测的、可观察的，人们无法预知教学所产生的成果的全部范围，正因有预料不到的成果，教学才能被称为艺术。

第三，目标陈述要分层。前文已述，目标间在渐次呈现原则上要按照认知层次由低到高来排序。依照布鲁姆目标分类学的观点，无论知识维度还是认知维度的目标，都是由简单逐渐过渡到复杂，后一类的目标依赖于前一类目标的实现。多条目标在呈现时，要按照认知水平由低阶到高阶有逻辑地排列顺序。因此，可以在掌握目标分类的理论知识基础上界定行为动词，准确呈现认知水平的发展过程。

具体而言，教师可依据布鲁姆教学目标分类二维表将目标分类，见表2-4。通过分析目标中的核心概念（名词）来确定知识类型，分析行为动词来确定认知水平，并依据目标由低阶到高阶分层陈述。两个维度可以形成一个矩阵表。纵向是知识维度，横向是认知过程维度，在纵横交汇形成的单元格中可以填写教学目标等内容。经过界定后，教师可以明晰关于某项知识学生应该达到的认知层次。

表2-4　通过二维矩阵确定教学目标

知识维度	认知过程维度						写出教学目标
	记忆	理解	应用	分析	评价	创造	
事实性知识							
概念性知识							
程序性知识							
元认知知识							

教学目标的科学研制与准确表达具有重要意义，其根基是教师的专业能力与教学素养。首先，教师要建构完备的专业知识结构，洞悉课程知识体系的内部结构，对重难点等了然于胸。其次，教师应掌握目标分类学的相关理论，了解不同教育学者的观点，把握不同学科教学的本质，掌握学科教学认知规律，了解行为动词的内涵意蕴。这样，对目标的分层陈述就能做到"有据可依"。最后，教师要转变教学理念，要遵循"以学生为中心"的基本理论，系统思考学生"学什么""为什么学""怎么学""学到什么程度""如何知道已经学会"等问题，让目标真正成为撬动学生深度学习的杠杆。

第三节　深度学习的教学方法

一、问题教学法

（一）起源

问题教学法（Problem-based learning，PBL）是以问题为基础，以学生为中心，把学习过程置于复杂、真实的案例情境之中，通过小组讨论和课后自学等各种形式，让学生自主合作来解决问题的自我导向式学习。PBL 模式遵循了建构主义理论，学生通过对客观知识的主动建构，使自己的理论水平和综合能力得到提升，突出特色在于培养学生自主学习和终身学习的意识和能力。这种方法由布鲁姆在 20 世纪 50 年代提出，1969 年由加拿大的麦克马斯特大学首先应用，并迅速在欧美国家得到广泛应用，尤其在医学教育领域。例如，哈佛大学医学院、英国曼彻斯特医学院等全世界近 2000 所医学院校采用了 PBL 模式。1986 年，上海第二医科大学和西安医科大学引入 PBL 模式。1997 年开始香港大学医学院实施 PBL 模式，积累了较为成熟的经验。20 世纪 90 年代以后，我国使用 PBL 模式的院校逐渐增多，这一教学法逐渐在多种专业课程中得到应用。

（二）什么是问题

在英语中 problem 和 question 两个词都可以翻译成汉语的"问题"。它们虽然都有"问题"的意思，但含义和用法却不尽相同：problem 指说话者认为难以解决的问题，是具有缺陷和不完美的一种状况，与动词 solve 或 settle（解决）搭配；question 指说话者需要寻找答案的问题，它常与动词 ask 或 answer 连用。与深度学习高度相关的问题（problem），主要就是指那些需要通过协作来解决的问题，这些问题具有"非良构"的特征。

根据知识的复杂性，将知识划分为良构领域（well-structured domain）和非良构领域（ill-structured domain）。良构领域的知识，是指有关某一主题的事实、概念、规则和原理，是以一定的或较为明确的层次结构组织在一起的；非良构问题往往与不同问题情境的联系较为紧密。非良构问题是我们日常生活中经常遇到的问题，往往以两难情境出现。由于它不受课堂所学专业内容的限制，解决方案也常常是不可预料或多种多样的，因此要解决非良构问题就需要综合不同学科的知识和技能。非良构问题能驱动人们产生合作解决问题的冲动，因此，设计出非良构的"好问题"是开展 PBL 的关键。

（三）什么是好的问题

设计的问题要真、实、小、价、新、趣。① "真"是指问题特性突出，不是伪问题。"实"是指贴合学生特点和生活实际，并有真实可感的机会。"小"是指研究难度要适中，符合学生最近发展区，而不是宏大而空洞。"价"是指既能满足个体学习需要，也具有较大的社会实用价值。"新"是指问题不落俗套、不走寻常路。"趣"是指问题的趣味性强，能激发学生的好奇心和探究欲望。

（四）如何组织学生解决问题

解决问题有以下 4 个途径：创意设计、实验研究、观察和考察、调查研究。以"调查研究"的协作活动为例说明。小组调查研究法的关键特征是探究、互动、解释和内在动机。这 4 个特征联合而成以下 6 个阶段：①确定研究课题和分组。教师提出一个探究课题，学生讨论分析完成总课题所需设立的子课题。根据学生对子课题的兴趣来分组。②制订小组探究计划。制订计划时，可以采用填写"任务单"的方式。"任务单"内容包括子课题名称、小组成员、分工职责、时间节点等。③开展探究。各个小组执行课题探究计划。这一阶段需花费的时间最长。鼓励学生开展有效的合作。④准备最终报告。各小组将主要观点进行抽象概括，把每个成员的工作综合起来，为汇报

---

① 李敏. 探究性学习：让每一个孩子都爱上学习：深圳市中小学生探究性小课题项目的实践性探索 [J]. 教育家，2018（40）：3.

做准备，力求报告富有启发性和吸引力。⑤呈现最终报告。汇报时尽量清楚简洁，运用多种表现手段。⑥评价成绩。应重点评价学生表现出的高层次思维能力，例如他们是如何深入探究的，如何巧妙应用已有的知识解决新问题，如何在需要分析和判断的讨论中运用所学知识做出合理推断，以及如何从一组数据中提炼观点，等等。

二、项目式教学法

（一）起源

美国进步主义教育家克伯屈（W. H. Kilpatrick）于 20 世纪初提出的设计教学法，被认为是项目式学习的雏形。该教学法以学生的兴趣和需要为出发点，主张以目标导向的活动作为教育核心，促进学生有效学习，鼓励学生基于脑海中已有知识和经验主动去建构新知识并解决实际问题。这种教学方法在美国小学中得到了广泛应用，并被不断完善。项目式教学以学生为中心，着重通过项目促进学生协作探究、批判性思考和解决问题。在鼓励教师促进学生学习的同时，也鼓励学生开展自主学习。总的来说，项目式学习已经被证明是有效的，因为它增加了学习维度，影响了学生的学习内容和学习方式。

（二）高质量项目应该具备的特征

2018 年由全球 PBL 领导者和专家共同推出的《高质量项目制学习框架》（Frame for high quality PBL），借鉴了数百名项目制学习实践者和许多倡导项目制学习的组织的见解。此框架确定了 6 个原则，在一个项目中，每项准则或多或少地得以体现，这个项目才被称为高质量项目，这 6 项准则包括：

（1）智力挑战与成就：学生深入学习、批判性思考，追求卓越；

（2）真实性：学生开展有意义的，与他们的文化、生活和未来相关的项目；

（3）公开产品：学生的作品被公开展示、讨论和评论；

（4）协作：学生以面对面的形式或通过网络与其他学生进行协作，或接受导师和专家的指导；

（5）项目管理：学生使用项目管理流程，以有效开展项目；

（6）复盘：学生在整个项目中对自己的工作和学习进行复盘。

有人提出了判断项目真实性的五大标准：①中心性：项目是课程的核心，而不是课程的外围；②本质问题：项目的焦点是基于本质的问题，可以促使学生更深入地理解学科概念和原则；③建构性调查：项目可以促使学生积极地参与研究；④自主性：项目是由学生驱动的，以学生参与为主；⑤现实性：项目解决的是现实世界和社会关注的问题。[①]

（三）项目设计中常见错误

（1）活动时间长、学习成果少。如果项目任务繁重且耗费大量时间，却只达到少量的或低阶学习目标，那么师生就不得不投入大量时间，项目繁简程度应该与教学目标相匹配；如果通过简短的讲授或阅读就能学到特定知识，那么就不适合开展项目；如果学生最终的成果大同小异十分相似，那表明完成的是低阶学习。

（2）内容单薄，不是复杂问题。如果只是通过简单的阅读、参观、讲授学习一个内容的不同方面，不属于项目式学习，项目式学习应该具备探究性质，如需要进行调查、搜集数据等进行和支撑。

（3）学习步骤过于详尽。要审视那些步骤过于详尽且衔接不自然的项目计划，如果按照详尽的步骤去做，学习成果是可预见的而且局限性很大。

（4）对形成性评估关注不足。在整个学习过程中，时不时检查学生的理解程度，调整教学计划，有助于学生取得更好的学习成果。开展项目式教学时可以思考哪些关键环节需要关注，并要求学生展示阶段性成果。

（5）没有关联高阶思维。高质量的项目式学习在强调学术知识的同时重视协作能力和批判性思维等能力思维的培养，因为只有这样的项目式学习才会引发深度学习。确保项目式学习目标、行为、活动、评价，与布鲁姆教育目标分类学中的高阶目标相联系。

---

① 阿卡西娅·M.沃伦. 跨学科项目式教学：通过"+1"教学法进行计划、管理和评估 [M]. 孙明玉，刘白玉，译. 北京：中国青年出版社，2020.

（6）忽视项目管理。在项目管理中，教师要充分体现主导作用，帮助学生意识到规划、组织、实施、监控的重要性，并给出相应的管理措施，见表2-5。

表2-5 项目管理阶段和主要措施

阶段	措　施
规划	思考项目的目标和预期目标/成果；制订一项行动计划，其中包括实现目标的活动；列出行动计划的具体步骤
组织	收集与项目相关的资源并进行研究；优化时间安排，设置日历的日期，了解并清楚项目的截止日期；编写一份责任清单
实施	将计划付诸实施；遵守项目的截止日期；将开始的工作完成
监控	专注于预期的目标/结果；将得出的结果与预期的目标/结果进行匹配，查看项目进展；根据需要进行调整和修订

三、探究式教学法

（一）什么是探究式教学

探究式学习指的是仿照科学研究的过程来学习科学内容，是学生在学习情境中通过观察和阅读，确定问题、搜集论据、进行解释、获得答案并进行交流、检验，从而在掌握科学内容的同时体验、理解和应用科学研究方法，将知识内化为能力的一种学习方式。教学过程是在教师的启发诱导下，以教材为探究的基本内容，以学生周围世界和生活实际为探究对象，让学生以个人或团队等多种方式进行质疑、讨论、调查等活动，最终形成报告或论文。探究式教学有利于培养学生解决问题的能力，是培养科学精神、科学态度、科学方法的主要途径。

探究问题是激发高阶思维产生的最大动力来源。基于问题的学习是以学生为中心，创设情境，让学生在发现、分析和解决问题的过程中实现对知识的主动建构，并促进学生全面发展。最好的问题是真实、开放、复杂、具备一定跨学科性质的综合性问题，但也要贴近学生的知识水平、生活实际，难易适度，兼顾学生合作与交流，促进知识的迁移与拓展应用。

（二）探究式教学角色定位

在探究式课堂教学中，教师是主导，首要任务是调动学生的积极性，促使他们去发现、提出、分析、解决问题；同时，要为学生的学习设置探究的情境，营造探究的氛围，促进探究的开展，把握探究的深度，评价探究的结果。学生是探究式教学的主人，根据教师提供的情境，明确探究的任务，思考探究的内容，掌握探究的方法，打开探究的思路，交流探究的结果，总结探究的成败。因此，探究式教学方式要求教师和学生都要深度参与，教师和学生相辅相成、缺一不可。

（三）探究式教学过程

探究式实践教学方法设计思路见图2-1。

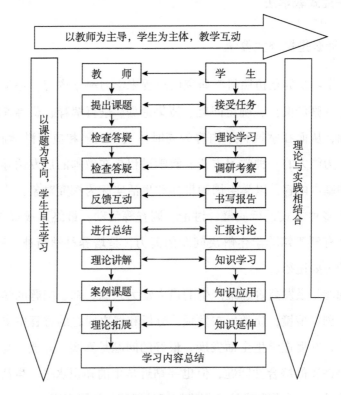

图2-1 探究式实践教学方法设计思路

四、合作学习

联合国教科文组织把"学会做人、学会做事、学会合作、学会求知"作为 21 世纪教育的四大重点，而且世界上各个国家都将"学会合作"作为一项核心素养。我国一些学校较为忽视学生之间的合作，即使开展合作学习，也是表面化的，缺乏实效，导致学生缺乏足够的培养和训练。这些合作能力包括公平地分配任务，鼓励团队成员对自己的工作负责、使用合适的社交技能、分享资源等，以及学生倾听、对同伴的鼓励、得体表达不同意见、解决争端等合作技能等。

学生们围坐在一起无组织地自由讨论，应该被称为"闲聊"，而不是合作学习，这种无计划、无目的的讨论无法发展学生的知识和能力，缺乏技巧的合作学习会降低学习者在参与学习活动时的思维层次。因此，有效的合作学习应该有规范的合作学习的流程、规则或者技巧，也被称为"脚本"或"结构""支架"，即给学习者提供结构化的支持①。例如，一些人会喜欢谈恋爱的日子，对结婚后的婚姻生活就会感觉疲惫，就是因为婚姻生活需要与对方合作，要做到与其他家人和谐相处，这不是本能，而是需要一些后天学习的技能技巧。

(一) 合作学习概念及关键要素

合作学习是指以小组活动为基本形式，以团队责任为驱动，有组织地利用学生之间的有序互动来促进自己和他人的学习，共同达成学习目标的一种教学活动。其核心内涵是互动。为了更好地实现互动，防止课堂陷入混乱，学者们提出了合作学习的五大关键要素：差异化分组、归属互赖、合作技能、个体责任明确和小组反思。

（1）差异化分组。综合考虑小组成员的差异性，对学生进行分组，尽可

---

① 郑杰. 简明合作学习设计 11 讲［M］. 上海：华东师范大学出版社，2022.

能保证小组成员之间的优势互补，即组内异质，同时保证组间同质。

（2）归属互赖。小组成员之间建立了同舟共济、荣辱与共的归属关系，这样才能将学习小组中每个成员凝聚起来成为一个团队。

（3）合作技能。合作不仅是一种意识，更是一种人际互动和交往的技能；作为一种技能，这需要长期学习，才能成为行为习惯和个人教养的一部分。课堂里应该讲授的合作技能一共有 10 项：注意力集中、认真倾听、轮流主动发言、掌控时间、符合主题、主动分享、互相打气、互相帮助、对事不对人、达成共识。如果教师不注重合作技能的培养，课堂交往活动中师生的行为会很突兀甚至粗鲁，那么就很难进行合作学习。因此，为了长期维持和促进小组成员之间的互赖关系，就要教授"合作技巧"。

（4）个体责任明确。合作学习过程中，每个学生必须承担一定的学习任务，这不仅是自己对自己的责任，也是自己对小组的责任。教师应加强个体的责任感，以避免发生"搭便车"现象。

（5）小组反思。通过团体反思，小组成员们分析小组在活动时遇到的问题和困难、具有的缺点和优点，特别是对互动过程进行反思，以保持小组活动的有效性。

（二）合作学习操作技巧

只有了解了以上内容，才算是了解了合作学习，这是走向专业的合作学习的起点。具体操作关键点如下：

1. 归属互赖关系

（1）小组成员空间关系。应尽可能围坐，这有助于小组成员之间产生归属感，交流也更加容易。在讨论式的环境中，学生之间、学生与教师间的关系是平等的，而在传统教室中，教师是主角，学生是听众，学生发言会感到非常突兀和不安全，自然而然"闭嘴"就是大多数学生的选择。学校要求教师开展合作学习，但供教师上课的教室还是固定的排排座。

（2）小组规模。关于合作学习小组人数，研究者普遍认为，应该控制在 4~6 人，班里有 6~8 组，组内异质、组间同质。

（3）谁来组建小组。小组成员应该由教师安排，因为合作学习的第一个要素就是混合编组，要让小组成员们个个不同，而教师最了解这种差异性。组内差异性大，可以实现优势互补，也更能引发讨论和深层次思考。组间同质，才能实现"公平竞争"，组间竞争的目的是制造"外部竞争对手"，这会促进小组内的积极互赖关系。可以从性别、性格、学习能力、兴趣爱好、自我约束能力等方面进行编组。

（4）促进小组关系建立的方法。小组建设对合作学习非常重要，但小组建设又是一个长期的过程，偶尔在课堂中使用很难达到预期，因此，建议小组成立后贯穿整个学期，并采取一些措施促进小组运转良好。

小组初构阶段：如果小组成员不熟悉，要开展一些破冰活动；如果较为熟悉，构建小组后在小组内提出"什么是好的小组"，组员们就这一问题写下若干要点，随后搜集起来，发展出小组的名称、徽章、口号等。

小组成长阶段：①小组要有共同目标，可以由教师给定，但最好让组员们自行讨论决定；②角色相互依赖，让每个小组成员都在小组内承担角色，并使角色之间形成依赖关系；③外部对手相互依赖，外部的竞争压力可以加强组内成员的团结合作，建立积极关系。

2. 小组合作目标明确

在合作学习之前，就告知小组 3 项内容：讨论目标、完成的动作，以及讨论时间。例如，发出以下要求：请同学们就旅行社的销售渠道进行讨论，8 分钟后请本内容负责人口头汇报讨论结果，要求在 2 分钟内汇报完毕，大概是多少字（训练学生的时间感）。在这段公开的说明中，学生知道了目标、检测方法以及时间安排。这是一个帮助学生明确学习目标、环节、成果的过程，也是一个集中学生注意力的过程。

其中需要注意的是，讨论时间不宜太长，根据题目和学生讨论情况控制时间，尤其是刚刚探索合作学习或者不熟悉学生学情的情况下；此外，教师不要随意介入讨论，在学生询问或者发现讨论方向发生偏差的时候介入较好。

3. "搭便车"行为的解决办法

团队学习中确实有"搭便车"的行为，可以采用责任到人、随机提问、独立测试等形式促进所有成员全部参与。还可以设计一些结构化的方法，促进参与的有效性。如卡甘（S. Kagan）提出了一种结构化的随机提问的方法：组成 4 人小组，每个成员都有 1 个编号，如龙猫、兔子、老虎、狮子；教师向学生提问，学生独立思考，并将答案写在纸上；小组成员共同讨论，对答案达成共识；教师随机抽取一个编号，每组中此编号同学代表小组阐述对该问题的看法。

以上可以显著增强个体责任，按照社会心理学的解释，是因为这些方法蕴涵着群体间促进个体责任的两条共同原则：一是体现个人的价值，二是利用群体压力。

（三）合作策略

合作策略，即合作脚本，使用一些结构化的合作策略，让学生有所适从，尤其是接触合作学习较少的同学，或者之前进行无序合作学习的同学。以下是卡甘较为著名的合作结构。

1. 小组陈述法

具体实施步骤：①确定主题；②学生有大概 30 秒的独立思考时间，思考后写下个人观点；③四人小组中两两配对，学生与搭档共同讨论问题，彼此交流分享观点，并且加以记录；④综合搭档的看法；⑤两组搭档间进行交流比较；⑥进一步综合之后形成小组意见。可以运用小组记录单来综合意见，之后可以通过各种方式展开小组的观点，如将记录小组的纸张贴墙上，也可以采用实物投影的方式。

2. 思考—配对—分享

TPS（Think-Pair-Share）法首先要求每位学生对问题进行独立思考，然后组内成员两两进行讨论，最后将讨论的结果与大家分享。具体实施步骤：①每位成员独立思考，形成自己的观点；②配对学习，2 名成员相互交换想法；③同伴交换，每人把自己先前同伴的观点介绍给新配对的同伴，这一步骤也可以采取 4 人轮流分享或者全班分享形式。

3. 三步采访法

①在 4 人小组中，组成 2 人小小组，然后以小小组为单位实施单向谈话；②交换角色，谈话者成为受访者；③小组成员共享谈话所获得的信息。三步采访法要求每个学生都必须发言和倾听，体现了平等参与原则，对训练学生学会倾听这一重要合作技能也大有帮助。

合作学习中其他常用策略见表 2-6。

表 2-6　合作策略

合作人数	合作策略
2 人一组	MURDER、轮流说练练法、互查法
4~6 人一组	坐庄法、接力法、发言卡、围圈转
跨组	内外圈、一人走三人留、组际批阅法、世界咖啡
全班	切块拼接法、四角站立法、站立分享法、对折评价线

（四）合作学习的支架

合作活动的社会性支架怎么搭？合作学习活动需要较高的合作能力，而往往学习者可能还达不到从事复杂社会协作的要求，因此要给他们提供必要的社会性支架。所谓社会性支架主要是教师提供给学生的合作方面的支持，以帮助他们更好地完成合作学习。完整的社会性支架一般包括语言支架、角色支架、团队支架。

1. 语言支架

语言支架合作活动比之前我们学到过的互助、互评和对话活动互动性更强。因为合作活动的目的是共同解决问题，所以真正体现合作学习的就是学生们的"共同思考"。协作活动的参与者不是在小组中（in groups）工作，而是作为小组（as groups）而工作，所有成员的思考都要被整合起来，而语言一定是主要的整合思考的工具。因此，教师首先就要给出互动语言方面的支架，主要包括如何通过回应、质疑和追问，使活动得以发展，并将思维引向深入；如何了解他人对某一主题的所思、所想或所知；如何逻辑清晰而自由地表达观点，如概括、详述、例示、解释等；如何给他人提建议以及有礼貌地打断他人；如何给他人下指令以及给出正确的反馈；如何感谢、赞美、提醒和批评他人；如何鼓励他人积极参与协作活动；如何化解冲突并达成共识等。详见附录1。

2. 角色支架

角色支架合作活动中，教师要帮助学生确定在活动中所要扮演的角色，确定了角色才能合理分配资源。不同的合作学习任务，有不同的角色需要。通过设定角色可以清晰表出教师对参与者的要求或期望，特定的角色支架显然会促进特定的学习活动。比如，在"小组实验"中，可以安排操作员、观察员、记录员、汇报员等角色；在"合作思维导图"活动中，角色至少分为组长、绘制者、组员和审核人。

3. 团队支架

团队支架研究者们观察到，让学生们围坐在一起，给他们一个探究性问题，可是我们所期待的合作行为并没有发生，这是为什么？在帕特里克·兰西奥尼（P. Lencioni）的《团队协作的五大障碍》一书中①，谈到团队协作过程中经常遇到的五大障碍："缺乏互信、惧怕矛盾、欠缺共识、逃避责任、漠视结果。"作者所说的五大障碍，在学生的学习团队中也存在，消除这些障碍才可能有高质量的协作活动。

（1）缺乏互信。小组成员是靠信任凝聚在一起的，信任就像是团队的黏合剂，如果成员之间彼此缺乏信任，团队就无法协作活动。那应该如何克服这个障碍？兰西奥尼认为，应该建立"基于弱点的信任"，即团队成员要敢于承认自己的弱点和不足，能够在必要时向别人道歉和接受别人的道歉。

（2）惧怕矛盾。团队成员们因为惧怕冲突，在协作活动中大家一团和气，

---

① 帕特里克·兰西奥尼. 团队协作的五大障碍［M］. 刘向东，栾羽琳，译. 北京：中信出版社，2022.

这不利于深度学习和解决问题。兰西奥尼建议，要对团队成员进行建设性冲突的训练，让大家都愿意表达不一致的意见，学会适应良性冲突，不再害怕激烈的争论。

（3）欠缺共识。团队缺乏共识也就无法协作活动。为解决这个问题，可以要求学习小组实行"最后期限"制，逼迫大家必须在这个期限之前拿出集体意见；在达成共识后，要将结论讲清楚，要有一个清晰的表述，最好是书面表达；组长还要询问组员，有没有不清楚的地方，如果没有，那就要求大家做出承诺并付诸行动。

（4）逃避责任。一名成员发现其他成员没有兑现承诺的时候，能否勇敢站出来提醒他，告诉他这么做是不对的。如果心里想，我又不是组长，我才不去得罪人呢！这就叫做"逃避责任"。教师应教会学生说："我无意冒犯你，只是我看到你有一些方面可能不符合我们之前的共识。"还要教对方回应说："我做得可能确实不太合适，原因是遇到了点困难，你是不是可以给我一些好的建议。"只有大家都承担起责任来，这才是良性的互动方式。

（5）漠视结果。漠视结果不是说不看重结果，而是说团队成员各自为政，关注的不是同一个结果。比如团队目标是成功地完成任务，完美地解决问题，而从个人角度看，可能是希望自己得高分，获得教师和家长赞赏。如果个人结果和团队结果不一致，个人就会倾向于为一己之私斤斤计较，不愿意为团队承担具体而琐碎的事务性工作。因此，在推动团队协作时，将团队结果与个人结果捆绑起来进行评价是很有必要的。

问题教学法、项目式教学法、探究式教学法各有优缺点，各类课程可以根据课程特点选择使用[①]。但是以上方法都需要团队合作学习、共同探究。

---

① 杨惠雯，朱洪洋，项贤明. 问题解决学习是什么样的学习：基于三种理论来源的分析 [J]. 课程·教材·教法，2023，43（12）：29-36.

第四节　深度学习的教学组织模型

一、翻转课堂

2011 年，萨尔曼·可汗（Salman Khan）在 TED（Technology Entertainment Design，美国一家私有非营利机构）大会上的演讲报告《用视频重新创造教育》中提到：很多中学生晚上在家观看可汗学院（Khan Academy）的数学教学视频，第二天回到教室做作业，遇到问题时则向老师和同学请教。这与传统的"老师白天在教室上课、学生晚上回家做作业"的方式正好相反的课堂模式，被称为"翻转课堂"（flipped classroom）[①]。自此，"翻转课堂"成为教育界关注的热点。

可以将传统教学过程划分为知识传授和知识内化两个阶段。前者主要是通过教师的课堂讲授来完成，后者则通过要求学生完成作业、操作或者实践来完成。翻转课堂对传统教学过程进行了重构，知识传授通过信息技术的辅助在课前或课后完成，较难的知识内化过程则在课堂环境中，通过教师的指导与团队合作的方式高效完成。随着教学过程的翻转，课堂学习各个组成部分也相应地呈现变革。传统课堂和翻转课堂各要素的对比的主要情况见表 2-7。[②]

表 2-7　传统课堂与翻转课堂比较

	传统课堂	翻转课堂
教师	知识传递者、课堂管理者	学习指导者、促进者
学生	被动接受为主	主动研究为主
教学形式	课堂知识传递+课后作业内化	课前知识学习+课堂讨论探究

---

① 萨尔曼·可汗. 翻转课堂的可汗学院 [M]. 刘婧，译. 杭州：浙江人民出版社，2014：154-155.

② 刘震，曹泽熙. "翻转课堂"教学模式在思想政治理论课上的实践与思考 [J]. 现代教育技术，2013，23（8）：17-20.

续表

	传统课堂	翻转课堂
课堂内容	知识讲解传达	重难点问题讨论探究
技术应用	内容展示	自主学习、交流反思、协作讨论等教育技术
评价方式	传统纸质测试	信息技术支撑下的多角度、多方式

在开展深度教学时，如果采用传统教学过程，学生在课堂上进行的是较小难度的浅层学习活动；而当学生试图进行知识迁移、做出决策和解决问题等深度学习时，却发现自己孤立无援。基于此，深度学习是需要翻转课堂的，将浅层的知识学习过程置于课前，知识内化则在有教师指导和帮助的课堂中实现，以促进学生高阶思维能力的提升，实现深度学习。

台湾大学叶丙成教授提出了"for the student, by the student, of the student"的教育新理念，并结合"翻转"教学方法，首次完整梳理了以"了解、引导、观察、学习"为中心的 BTS（By The Student）翻转教学法，并且给出了较为具体的操作步骤，详见表2-8。

表 2-8　BTS 翻转课堂操作

1 准备篇	要点1：创建交流联系群；要点2：学会使用在线问卷调查；要点3：准备一台实物投影仪；要点4：将学生分好组别；要点5：确保每组都有可上网设备。
2 习惯养成篇	做翻转课堂，需要帮学生课后养成看视频学习的习惯，技巧如下： 技巧1：头两周先在课堂上看视频。在开学最初两周，先利用上课的时间播放视频给学生看。这样做的用意是先让学生习惯从视频中获取知识。 技巧2：给予差异化待遇。善用"差异化待遇"的方式，课上要求没看视频的同学补看，而不能参与做题、抢答、讨论等活动。在学期初的几次活动最好都设计得很刺激欢乐，促进学生主动看视频学习。 技巧3：加强同伴压力。在交流群里以"在线民调"方式公布要预习的视频进度，利用学生担心自己落后的心态激发学习动力。 技巧4：利用班级经营。BTS 翻转课堂最重要的精神，就是学生分组，成绩共享。所以从学期一开始，教师可以在班上创造一个"不看视频学习影响小组得分"的氛围。

续表

3 实战篇	课前准备四步法：上课前两天在交流群里公布预习视频链接、课堂上要用的题目、"视频预习进度汇报"在线问卷、"课堂评分汇报"在线问卷。 课中操作九步法： ①上课时问学生视频有没有看不懂的地方，并回答之； ②学生无疑问后，将"视频预习进度汇报"的在线问卷调查链接分享到交流群里，要求每组作答； ③开始做题。每公布一道题目，就让学生各自写五分钟（或到约有八成学生完成时为止）； ④教师随机抽一名学生上台解说； ⑤教师针对学生的解法进行讲评，以加深台下同学的印象； ⑥教师给台下学生三分钟订正时间； ⑦订正结束后，每一组将本组三个人的三张解答卡交由下一组学生批改； ⑧公布新的题目，重复上述操作步骤； ⑨将"课堂评分汇报"的在线问卷调查链接分享到交流群里，要求各组组长下课前完成。

二、对分课堂

（一）对分课堂简介

"对分课堂"是复旦大学心理学系张学新教授创立的一种教学组织方式。形式上，它把课堂时间一分为二，一半是教师讲授，一半用于学生讨论；本质上，这种方式被认为在讲授和讨论之间引入了一个心理内化环节，有助于学生消化吸收所讲内容并能参与讨论。对分课堂实现了讲授和讨论两大教学方式的衔接，讲授过程中学生思考、吸收，学习的成果则通过社会化学习得到展示、交流和完善，既有助于提升知识体系传递的效率，又激发了学生的主动性。

这种教学模式强调先教后学，注重学生的自主学习和交互学习，旨在提高学生的学习兴趣和主动性，培养学生的批判性思维和解决问题的能力。在传统的教学模式中，教师是课堂的中心，负责传授知识，而学生则处于被动接受的状态，缺乏主动思考和参与课堂讨论的机会，教师也无法及时了解学生的掌握情况和对知识的理解程度。相比之下，对分课堂将课堂时间分配给教师讲授和学生讨论两个环节。在讲授环节中，教师精讲课程内容，引导学生理解重点和难点，激发学生的兴趣和思考。在讨论环节中，学生分组进行讨论，分享自己的理解和见解，通过交流和合作解决问题。

（二）对分课堂优势

对分课堂的优势在于以下几个方面：①提高学生的主动性和参与度。学生需要在讨论环节中积极参与，发表自己的观点和见解，这样可以激发学生的学习热情和参与度。②培养学生的批判性思维和解决问题的能力。在讨论环节中，学生需要学会倾听他人的观点，提出问题和质疑，通过交流和合作找到解决问题的最佳方案。③促进教师与学生之间的互动和交流。对分课堂强调师生互动和生生互动，教师可以更好地了解学生对知识的掌握情况和理解程度，从而更好地指导学生的学习。④提高教学质量和效果。通过及时反馈和调整教学策略，教师可以更好地满足学生的学习需求和提高教学质量。

（三）对分课堂各环节注意事项

1. 课前准备

（1）教学设计。首先为课程制定一个清晰、完整的教学大纲，列出课程的教学日历、学习目标、每节课的学习内容和活动方式。同时有一本合适的教科书至关重要。理想的教材要内容丰富、有一定难度，适合学生阅读、学习。另外教师也可以补充一些阅读材料和思考题。

（2）学情分析。对分教学强调教学是教师与学生的共同事业，不了解自己的合作伙伴，在合作的过程中就容易出差错。教师要尽可能详尽地分析即将面对的学生群体，同样也应该给学生提供自己的基本信息，这有助于学生了解自己，进而有助于其了解本门课程的其他信息。

（3）教学环境。对分教学的规划性和计划性远超传统教学，要尽可能地避免因为设备故障等问题影响教学。在讲授环节和全班交流环节，桌椅排列要尽量保证所有学生面向教师听课；在小组讨论环节，要尽量保证组内学生

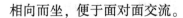

相向而坐，便于面对面交流。

2. 课堂讲授

在对分课堂上，针对同样的教学内容，教师只有原来一半的时间进行讲授，不可能细致地覆盖所有内容，因此教师不需要讲得太系统、太完整、太全面、太深刻、太透彻、太清楚、太详细、太生动、太有趣、太精彩。对分课堂的讲授原则主要是精讲和留白，简称"精讲留白"。

理想的对分讲授要突出其与实际运用直接关联的意义、价值和功能。讲授过程中应该凝练紧凑地做引导性的、结构式的讲授，明确学习目标、内容逻辑，以及章节内容在整个课程中的地位等。对分课堂的讲授就是要相对宏观地告诉学生学什么、为何学和如何学。其核心目标是引发学生的学习兴趣，促进学生随后的学习，这是教师是学生学习的引导者和促进者理念的一个集中体现。

讲授后设置作业环节，这是连接讲授与讨论的核心环节，是对分成功的关键。挑战高阶思维的理想作业，具备以下特点：挑战性、开放性、选择性、个性化、梯度性。

3. 课堂讨论

（1）小组讨论。通常4人一组，时间可以根据课程、内容、学情等灵活调整，要求学生围绕作业针对各自的收获、困惑、疑难，发表观点，相互讨论，共同解决问题。教师提示要语气温和、互相关爱，不使个别同学游离于小组之外，让每个人都有表达的机会。

（2）全班交流。全班交流分为教师抽查、自由提问、教师总结三步。全班交流阶段的主要特点是：由学生提出问题，由教师做出解答。学生互相解答疑难只是第二位。学生只需要提问题，在问题质量和表达能力方面，门槛很低，但没有上限。优秀的学生可以用简明的表达，提出十分精彩的问题。主要由教师回答问题，讲解质量有保障，能让全班学生在最大程度上受益。

4. 课后学习

课后学习可以包括读书、复习、独立思考、完成作业等内容。

5. 成绩考核

对分课堂弱化了终结性的考试，可以分解大作业、大项目到平时的课堂中，强调平时学习要落实到多次性的小作业和常规性的小组讨论上。这样就防止学生期末临时抱佛脚也能获得高分，或者通过大量的背诵就能应对考试。

三、五星教学法

梅里尔（D. Merrill）提出了"五星教学模式"。五星教学模式被认为是实现有效教学的"良方"，实施五星教学模式将确保能提高教学效果。

五星教学模式以"聚焦问题"为核心，包括"激活旧知""论证新知""应用新知"和"融会贯通"四阶段循环圈。该模式强调将具体的教学任务置于实际问题情境中来完成，认为这才是符合学习者心理发展要求的优质高效教学模式。

聚焦问题：在课堂开始时，教师提出与学生工作、生活紧密相关的问题，以激发学生的好奇心和兴趣，引导他们跟随教师的思路。

激活旧知：通过问题，学生回忆并分享过去遇到类似问题时的解决方法，这是激活学生以往经验的环节。

论证新知：在学生分享经验之后，教师引导学生梳理共性，提炼背后的基本原理和规律，即教师输出新知的过程。

应用新知：学生理解新知识后，教师提供练习题或进行角色扮演，让学生应用所学知识，感受新知识的实用性。

融会贯通：学生在对新知识的应用熟练后，能够提炼、简化、升华甚至创新，使新知识成为习惯。这种教学方法强调在教师的指导下，发挥学生的主体作用，调动学生的积极性，通过"讲、说、辩、评、考"五个步骤实施教学。

四、BOPPPS 教学模型

BOPPPS 教学模式以教育目标为导向，以学生为中心，通过测试及时获取学生的反馈信息以调整后续教学活动，强调学生的参与式学习。其理论依据是认知理论和建构主义。根据人的注意力自然规律，把课堂切割为 15 分钟左右的多个教学小单元，每个教学小单元都有特定功能和联系，使课堂成为整体。BOPPPS包括6个环节，分别是导入（Bridge-in，B）：吸引学生的兴趣；明确教学目标（Objective，O）：让学生知道该课程要达到的教学目标；前测（Pre-assessment，P）：了解学生的基础知识掌握情况；参与式学习（Participatory learning，P）：让学生多方位参与教学从而掌握知识；后测（Post-assessment，P）：了解该课程是否达到教学目的；总结（Summary，S）：总结知识点。

（一）BOPPPS教学模块及其内涵

1. 导入

作为一节课的开头，设置引言有助于更好地吸引学生注意力，引发学生关注即将开展的核心教学内容。可以采用以下方式：解释此次课程学习的重要性、讲述与核心教学内容密切相关的故事、时事或不寻常的事实，或者建立上次课堂教学内容与本节课内容的联系等。

2. 教学目标

教师言简意赅地传达教学目标。明确告知将让学生明确学习方向。在实践过程中可采用"ABCD"目标陈述法，或是明确表述学习对象是谁、将学到什么、在什么情况下完成指定的学习活动及学得如何等核心环节。显然，明确的教学目标有助于教学相长。

3. 前测

建立学习目标之后对学生进行摸底。可以通过提问、作业、问卷、考试、讨论等来开展，其目的在于准确掌握学生的旧有知识，或对所讲授教学内容的了解程度，并根据学生现状和课程目标及时调整讲课方法、内容等。

4. 参与式学习

该环节主要通过师生互动来实现课程教学目标，是BOPPPS课堂教学的核心。在该环节中，可以采用学生分组讨论、教学停顿、情景模拟等方式增强参与性，营造良好课堂氛围，通过师生交互式学习实现教学目标。

5. 后测

即在此次课堂快要结束时对学生学习成果进行检验或评估，了解学生本次课的学习效果与既定教学目标的匹配程度。可以选择的方式包括，知识理解型内容采用选择题或简答题进行检测，应用分析型内容通过特定情境分析进行考核，技能传授的内容可采用现场展示进行检验，态度价值型内容可采用短文撰写等方式进行评估。测评的目的还可以帮助改进与完善教学设计。

6. 总结

简练总结课堂教学知识点以整理并回顾授课内容，进一步巩固学习目标。可以包括，总结整合要点、布置作业、预告教学内容并对下一次课堂教学所需要准备的工作提出要求。

上述 6 个模块连贯构成一个有效的完整课堂过程，每个模块都是在为目标的达成而服务的，强调师生参与式互动学习的核心环节，因此对于不同学科来说都具有很强的适应性和可操作性。

(二) BOPPPS 教学模式的核心问题解析

1. 教学目标是核心

BOPPPS 教学模式十分强调课堂教学目标的核心地位，而其他 5 个环节都紧密围绕教学目标来展开，忽略其中的任何一个环节都会在不同程度上影响课程目标的达成，因此要求教师必须针对课程教学目标开展有针对性的课程设计并包含相应环节。

2. 教学手段的形式多样与不拘一格

教学手段只是根据既定教学目标实现教学过程的一种方式，BOPPPS 教学模式不要求也不强调具体教学手段。

3. 师生互动是 BOPPPS 教学模式的重点

师生互动的参与式学习是整个 BOPPPS 教学模式的精髓所在，让学生切身感受到一个积极宽松的学习环境，将有助于成功开展互动式教学。

五、5E 教学模型

美国生物学课程研究会（Biological Sciences Curriculum Study，BSCS）的

拜比（R. W. Bybee）教授及其团队为科学（课程）设计了 5E 教学模型（5E Model），后来成为美国科学课堂的主流教学模型。5E 本身是个灵活的模型，可以跨学科使用。五个"E"具体为：参与（engagement）、探究（exploration）、解释（explanation）、迁移（elaboration）、评价（evaluation）。

（一）5E 教学模型的基本内涵

参与（engagement）：吸引学生的注意力并激发探究兴趣。教师可提出问题（情境）或利用认知冲突来引发学生参与。情境可以激发外在动机，认知冲突可以激发内在动机。先验知识很重要，但先验知识是否能激活很关键。从长期记忆中激活先验知识并进入工作记忆，可以促进新材料的整合，新的学习才可能发生。教师在参与阶段必须为学生提供明确的机会来激活先验知识并引导正确的方向。

探究（exploration）：学生基于已有知识进行探究，建构新的意义，习得新技能。教师为促进者和激活者，通过构建学习共同体，学生之间的合作和辩论能促进认知发展。根据认知负荷理论，针对探究式学习活动教师需基于最近发展区搭建教学支架（结构化任务、排序、问题、提示等），尤其是对复杂问题进行分解以避免认知过载。探究阶段给了学生足够的时间和机会来处理相关信息。

解释（explanation）：学生解释（输出）探索的收获以促进或检验理解关键的知识和概念。学生学习到一定程度之后，及时地总结和解释将强化知识建构。教师的精讲也能促进学生的高效学习。在这个阶段，教师可考虑采取主动学习策略，如同伴教学、拼图法（Jigsaw）、TPS 法等。

迁移（elaboration）：基于最近发展区理论，学生在新情境下应用知识来解释及解决新问题。需注意学习情境和迁移情境的相似性、学习方式等。教师需注意课程目标底线是能迁移的思维能力。

评价（evaluation）：多元评价真实反馈学习。评估包括形成性评估和总结性评估。从认知的角度来看，评价不仅对评估学习和对学生的知识获取提供反馈有用，从长期记忆中提取信息（提取练习）是强化学习的最有效方法之一，甚至比重新学习更有效。很多时候，评估即学习。

（二）模型评价

5E 教学模型包含五个按特定顺序排列的学习阶段，奠定 5E 模型基础的认知理论不仅存在于各单独阶段中，而且还存在于它们的排序方式中，这种排序方式能最大化地优化学习，一般不建议随意改变。当然，五个阶段不是线性叠加依次发生的，不同阶段之间的活动可能有交叉融合。如探索阶段可能包含一些迁移，评估则存在于所有阶段。

完整的 5E 教学模型是最有效的，教师应尽量提前设计让学生尽早参与，有机会完成一个完整的学习周期。根据拜比（R. W. Bybee）的建议，5E 模型最好以 2~3 周为一个周期来使用。① 如果单次课使用 5E 教学模型会降低各个阶段的有效性，因为时间太短，导致挑战和重组概念机会较少，不利于深度学习发生及能力提升。当然，如果每个阶段都花费太多时间，5E 结构也不会那么有效，学生可能会忘记他们学到的东西。

教师如果计划首次使用 5E 教学模型，需首先回顾下以前的各种教学活动，哪些可以归类到 5E 的哪个阶段？有没有考虑活动的顺序？有没有考虑结构化的流程？我们的目标并不一定是让每一堂课都严格遵循 5E 模型，但至少可以利用 5E 模型来评估课程。教师基于 5E 模型来重构教学流程，优化已有活动，调整活动顺序来促进学习。如果教师精力有限，不愿意大幅度重构课程，可以考虑设计至少包含 5E 模型的两个阶段，采用一些主动学习策略，如教学停顿、TPS 法等。

有的教师经常抱怨学生不主动、不回答问题、不参与互动。实际上从 5E 模型的角度来看，在学生"解释"之前，教师有没有提供足够的时间和机会给学生"探索"？讲授的时机是否合适，讲授、问题、讨论等是否相互融合？"学习三明治"（讲授、主动学习、总结汇报）可能是一种比较有效的极简模型。

---

① Bybee R W. The BSCS 5E Instructional Model：Creating Teachable Moments ［M］. National Science Teachers Association. Arlington，VA National Research Council，2015.

学生上课好像听懂了，但一做作业就糊涂，遇到考试也往往分数较低。这类情况一般都是"迁移"环节没做好，教师需准备相应的结构化活动来引导迁移，如简单的问题、复杂的问题等。

形成性评估很重要。每节课都要收集一些相关证据。要注意并非所有的活动或任务都需要评分。

传统的 5E 教学模型稍偏向于从教师教学的角度来阐述。在大部分人支持"以学生为中心"并注重新时代核心素养培养的今天，我们可以考虑转变视角并加以适当调整。如参与阶段，由"我告诉他们或给他们看"转变为"学生反思他们已经知道什么、对还不理解的事情提出问题并激发动机"。探索阶段，由"我演示或他们看模型"转变为"学生自己解开问题、开发模型及收集数据"。解释阶段，由"简单的问题或活动（如做了什么?）"转变为"深入挖掘已经得到的解决方案并使用证据来支撑"。迁移阶段，由"介绍新想法"转变为"深入探索概念与自我、概念与概念、概念与世界的联系"等。评价阶段，由"简单口头测试或给一个分数"转变为"批判性反思整个探究过程、假设和相关现象"。

第五节　深度学习的教学评价

教学评价是指基于明确的教学目标，采用多元化且具有操作性的科学手段和方法，系统性收集教学活动过程以及结果的各种信息并进行价值判断，为被评价者的自我提升和教学管理部门的科学决策提供依据和有力支持。对于课程而言，教学评价更多的是指，以教学目标为依据，系统搜集各类信息，对学生的学习成果进行系统评价，同时为课程教学过程、方案改进提供决策。评价不应该只是为了给学生排名，核心点应该落实到检验目标是否实现。根据学习目标来确定学习评估方式与内容。此外，评价需要确立标准、使用测量工具，并要有证据支撑。

一、教学评价的类型

（1）以评价作用为依据的分类。根据评价在整个课程与教学活动中所起的作用和实施的时间点，可以分为诊断性评价（diagnostic evaluation）、形成性评价（formative evaluation）和总结性评价（summative evaluation）。

诊断性评价是发生在课程与教学启动前，旨在确定学习者现有的认知水平、情感态度等，核心目的是全面了解评价对象的基础现状，以采取相应水平的教学方法和措施。形成性评价是贯穿于课程教学实施过程中，对学生在课程教学设计各阶段的表现进行评价，目的是及时获取有价值的参考信息，迅速识别问题，以适时调整课程计划或改进教学活动。总结性评价是指在课程教学实施结束后，课程目标的达成情况、对评价对象整体效益作出全面审视和评价并评定等级。

其中，与总结性评价相比，形成性评价在这个学习过程中进行，可以帮助深入了解学生的学习成效，以调整项目、消除误解或者引导学生朝着新的方向努力。有经验的老师会利用各种方法，讨论、小测验、简单的观察和交谈，以了解学生的学习体验，并及时做出调整。

（2）以评价目的为依据的分类。根据评价的目的不同，评价可以分为过程评价（process evaluation）与结果评价（outcome evaluation）。过程评价是对课程计划实施过程以及教学活动过程的评价，目的在于评定课程计划中教学内容，教学方法和教学活动的组织等是否合理，是否有助于达到教学目标。结果评价是对学科目标实现结果的评价，主要判断其是否都达成了预定目标，目的在于考察课程计划与实施对学生所产生的结果。

（3）以评价过程与评价目标关系为依据的分类。根据评价过程是否以评价目标为依据，可以分为目标本位评价（goal-based evaluation）与目标游离评价（goal-free evaluation）。目标本位评价是以目标为基础进行的评价，旨在判定教育目标在课程与教学过程中是否实现或实现了多少，最终考查学生实际发生了多大程度的改变。目标游离评价是指评价要求脱离预定目标，重视课程所有结果的评价。评价者并不以目标为评价标准，而全面收集关于课程与教学实际结果的各种信息，以评定课程与教学的价值。

（4）以评价主体为依据的分类。根据评价主体的不同，评价可以分为自我评价（self-evaluation）与他人评价（outside-evaluation）、内部评价（insider-evaluation）与外部评价（outsider-evaluation）。自我评价，即评价对象作为评价主体对自身的评价，他人评价，即作为非评价对象的其他主体对评价对象的评价。内部评价，即由课程设计者或使用者自身实施的评价，外部评价，即由课程设计者或使用者以外的主体实施的评价。

综上，在指向深度学习的一流课程建设中，形成性评价、过程性评价、目标导向评价、多元主体评价得到了大家的认可和推崇。通过评价，不仅可以在平时学习中通过测验、提问、作业等深度互动方式引起、维持、激发学生的学习，更重要的是，评价是推进教与学持续改进的手段。美国著名教育评估专家斯塔弗尔比姆（D. L. Stufflebeam）说："评价最重要的意图不是为了证明，而是为了改进。"

二、教学评价方法分类

大学课程与教学评价的方法包罗万象，但总体来说，可以分为两大类：量化评价和质性评价。

量化评价的哲学基础是实证主义，基于自然科学研究的传统，量化数据被认为最科学最可靠，由此才能得出可信的结论。因此，几乎所有课程教学活动都可以被提炼简化为数据，并从数据的比较与分析中推断评价对象的成效。具体方法包括实验与准实验、问卷调查、测验等，力求得到绝对的和数据化的事实。质性评价认识论的哲学基础是解释主义或诠释主义，认为诸多课程与教学问题只能通过描述性和解释性的语言来分析，以充分地揭示和描述被评价对象的各种特质，对与课程教学相关的行为及其原因和意义做出判断。质性评价力图通过自然的方法，包括观察、深度访谈、档案袋评价等具体方法，促进对课程与教学现象整体和深度的理解。

尽管量化评价与质性评价有各自的认识论基础和不同的评价方法，但都具有各自不可替代的特点与优势，更重要的是，某些评价内容适用于量化方法，例如具有公认权威、结构清晰、明确可测的概念，用量化研究数据更有说服力；而有些内容只能用质性资料才能更加全面深刻地反映意义的建构过程，例如某些复杂的教育现象。

因此，量化评价和质性评价都是大学课程与教学评价常用的方法，两者有效的结合能够互通有无、取长补短，更好地达到课程与教学评价的目的。

三、深度学习的评价方式

根据深度学习的教学目标，其教学评价需针对基于批判性思维、协同工作、有效沟通等目标设计的多种教学活动开展，例如，对论文写作、实验与调查、表演、辩论等教学成效进行评价。

美国研究院的 SDL 项目以深度学习的六个核心概念即掌握核心学科知识、批判性思维与问题解决、有效沟通、团队合作、学会学习（即自我管理能力）、学习心志（学习互动、学习的动力、毅力、心理控制能力和自我效能）作为深度学习的评价内容，具体内容见表 2-9。

表 2-9　美国研究院 SDL 项目提出的深度学习能力框架

三大领域	六维能力	具体表征
认知领域	掌握核心学科知识	达到知识的迁移，即学生能够在新情境中解决问题
	批判性思维与问题解决能力	运用某一学科专业的工具和技术阐述及解决本领域问题
人际领域	有效沟通	能够有效地组织信息和数据，能为项目进展提供建议和反馈
	团队合作	能够以团队合作的方式完成任务，包括制定团队目标、规划问题解决方案、识别达成目标所需资源、整合观点

续表

三大领域	六维能力	具体表征
个人领域	学会学习	对学习过程进行自我监控和指导，包括设置学习目标、跟踪学习进程、掌握并改进学习技巧和策略等
	学习心志	属于影响学习参与度的动机因素，包括对团队产生强烈归属感；将学习理解为一个社会过程并主动向他人学习

SOLO 分类评价理论是比格斯首创的一种对思维的评价方法，该评价方法突破了内部思维的不可见性，能够从学生学习成果来推测其知识理解程度，是一种以等级描述为特征的质性评价方法。它从思维能力、思维操作、一致性与收敛性、结构系统 4 个维度出发将理解水平由浅至深划分为 5 个层次，包括前结构层次、单点结构层次、多点结构层次、关联结构层次和抽象拓展结构层次。首先，处于"前结构层次"的学生无法有效应对任务或提炼文章主旨；其次，"单点结构层次"表示学生仅能处理任务的某个局部问题，得出的结论相对孤立片面；再次，"多点结构层次"的学生虽能列举并复述学习任务中的多个要点，但却未能将其融会贯通，形成系统的知识网络；随后，"关联结构层次"的学生已能洞察各知识点间的内在联系，构建起连贯的论述框架，尽管尚未完全内化为个人见解；最后，"抽象拓展结构层次"的学生能够巧妙地联结既有知识与新知，并结合个人实践经验，形成独立、富有逻辑深度的结论。在这五个层次中，前三个层次（前结构、单点结构、多点结构）被视为浅层学习，而后两个层次（关联结构和抽象拓展结构）则代表了深层学习的范畴。SOLO 评价不关心学生的答题结果如何，只关注学生答案中体现出来的思维能力所达到的深度、广度和层次。因此，在课程评价中，可以与专业内容评价结合进行。

第三章

一流课程背景下深度学习目标提升路径研究

第一节 在课程中实现专创融合

2015 年 5 月，国务院办公厅印发《关于深化高等学校创新创业教育改革的实施意见》，其中指出高校要完善创新人才培养机制，健全创新创业教育课程体系。"双创"教育是创新与创业教育的简称，是高等学校教育改革的重点。"双创"人才是指具有创新创业的精神与能力、思维与视角，能发现并解决新问题，进而发明新事物或开创新领域的人才。"双创"教育的目的是挖掘高校学生自主创新创业的潜力，更重要的则是提高毕业生的综合素质，让大学生为未来就业或者创业做好两手准备。"双创"教育应是专业知识与思维能力培育相统一的教育，能够拓展学生的知识范围，优化学生的知识结构，提高大学生的综合能力，同时能增强其事业心和社会责任感，激发其从事创新活动的潜力。

开展"双创"教育时，很多学校架构了专门的创新创业课程体系，以创新意识培养、创业知识传授、创业实践分析等为主要内容，开展全新的教学活动，获得了特定成效，但也导致新问题的出现，如创新创业教育专职教师数量严重不足，学生参与人数有限，缺乏长效机制等[①]。疏离专业教育使创新创业教育一直缺乏支撑和灵魂，造成学生接收的创新创业知识是碎片化

---

① 于海. 河北省高校创新创业教育存在问题与对策 [J]. 河北农业大学学报：社会科学版，2019，21（2）：62-66.

和断层化的，难以从根本上提升创新创业教育质量。而将创新创业教育充分地融入专业教育，则能够提升创新创业教育的专业性、实效性和内容丰富性。通过专业培养创新创业思维和能力被认为当前我国培养创新创业教育人才的有效途径之一，也是一种可持续的、影响范围较广的创新创业教育途径。

专业教育的根本是课程，在课程教学中如何与"双创"融合是更具体和有意义的研究议题。一些研究提出了基于创新创业能力的课程改革措施[①]，但仅限于该课程，且此类研究较少。本研究在专创融合基础上提出"课程双创"，并以旅游类课程为例进行了实践研究，指出了高校专业课程与创新创业融合存在的问题，并总结了实现"课程双创"的路径，为建立以培养创新创业能力为目标的课程改革提供思路。

一、开展"课程双创"存在的问题

（一）教师缺乏创新创业教育意识

专业教师拥有较丰富的专业理论、实践基础，能够有效地帮助学生开展创新创业活动，提升学生的创新意识、动手能力与实践意识。课程资源能够为创新创业教育奠定坚实基础，提供科学依据，使创新创业教育有源头活水，让学生在此过程中夯实专业基础，明确创新创业方向。然而因教师对创新创业教育和专业课程之间的内在联系缺乏考虑，进而缺乏"双创"意识，致使课程中的创新、创业资源难以得到有效挖掘和发挥。有调查显示，40.33%的学生希望由专业教师担任创新创业导师，因此，需要教师开放思维，主动拥抱"课程双创"。[②]每位教师都应有义务，在教学活动中植入创新创业元素，传递创新创业精神，培养学生的创新创业意识。反过来，开展"课程双创"，

---

① 孔令杰. 基于创新创业能力培养的课程改革研究：以数字信号处理课程为例 [J]. 大学教育，2020（11）：129-131.

② 张佳景，高晓倩. 高校学生对创新创业教育的认同研究：以河北农业大学为例 [J]. 河北农业大学学报：社会科学版，2020，22（2）：114-121.

也将推动教师改革教学方式，把学科前沿理论、最新研究成果、社会实践经验融入日常教学活动中，提升教学质量。

(二) 教学目标以知识记忆和理解为主

以往的课堂教学目标，以知识的理解、记忆为主，缺乏将对知识点的理解转变为对知识点的应用的教学过程，没有着眼于提高学生解决问题的能力，难以为学生的创新创业能力的提升提供帮助、奠定基础。因此，要改革教学目标，使其具有高阶性，即，增加以能力和素质培养为主的教学目标，如提供实践场景或实际问题，让学生掌握的知识与实际问题密切联系，鼓励学生自主思考、相互讨论，提出解决问题的方案，教师再给以修正或建议，提高学生创新创业能力。

(三) 课时短小，课堂时间有限

高等教育改革提倡宽口径、厚基础，专业课程的课时在不断被压缩，很多教师会对"课程双创"产生疑惑，本来教学内容都无法完成，如何进行创新创业教育？因此，需要教师开展教学研究改革，如采用翻转课堂，知识传递的过程让学生在课下进行，利用课堂时间开展难度较大的创新创业能力的培养。

二、课程教学与创新创业教育融合路径实践探索

(一) 提升教学目标，与创新创业教育保持一致

将以知识为主的教学目标提升为以能力和素养为主的教学目标，这是"课程双创"的关键步骤。认知过程维度从基础到高阶包括记忆、理解、应用、分析、评价、创造。[①] 以能力为教学目标，是指教学目标不只是学生对知

---

① 张燕，黄荣怀. 教育目标分类学 2001 版对我国教学改革的启示 [J]. 中国电化教育，2005 (7)：16–20.

识的记忆和理解，还应包括学生应用、分析、评价和创造方面能力和态度的培养，这样才能与创新创业教育目标保持一致。只有教学目标发生改变，课程的教学方法才会发生改变以匹配教学目标。但创新并不是凭空创新，而是站在专业领域知识和经验基础上的创新，因此知识目标是能力目标的基础，学生首先要学好基础理论知识，才能为创新创业能力锻炼提供基础。①

以旅游地理学课程为例，该课程是专业基础课，是研究人类旅游活动与地理环境和社会经济发展关系的一门学科，理论性和方法性很强，要为旅游规划、旅行社管理、旅游景区管理等后续专业课程的学习打下基础。因此，该课程的教学目标，首先是学生能够从空间角度理解旅游产业及其影响的基本理论知识体系，其次是学生能够用空间的思维和方法去分析和解决旅游问题，并在此过程中习得研究性思维和思辨意识。

（二）采用翻转课堂，为创新创业能力培养提供基础

在有限的课堂时间里，如不对教学模式进行改革，很难有时间进行创新创业教育活动。因此，开展创新创业能力培养，需要进行翻转课堂，将知识传递的过程放在课下，将知识内化、能力培养的过程放在课堂上，充分发挥教师的主导作用。因此采用翻转课堂是课程双创的必要条件。

首先，各门课程应重新解构教学内容，明确哪些知识学生可以自主完成，哪些需要教师引导完成或交互完成；其次，对于可以由学生自主完成的内容，教师充分利用现有慕课、视频公开课等在线开放课程资源，或者通过自己录制微课、视频的方式，为学生提供内容丰富、形式多样的在线课程资源，满足学生自主学习、反复学习的需求，完成知识传递过程；最后，建立线上习题库等，给学生自我检测、巩固知识的机会。通过以上三个步骤，学生在上课前已经形成了一定的知识基础，为建立深度课堂、创新创业能力培养提供时间和内容的可能性。

以旅游地理学课程为例，学生在课前通过学习平台完成阅读课本、观看

---

① 衣新发，蔡曙山. 创新人才所需的六种心智 [J]. 北京师范大学学报：社会科学版，2011（4）：31-40.

视频、做基础习题课前三部曲，为课堂讨论、探究、实践等有利于培养学生能力的活动提供基础。图3-1为学生在某月份课程开展期间登录线上平台学习日次数。以视频学习为例，该班学生平均学习时长为视频总时长的118.4%，最长观看时长为视频总时长的333.5%，基础习题课前完成率平均约为70%，为课上进行深度学习奠定了基础。对期末成绩与章节学习次数、视频平均观看时长、平时测验成绩进行了相关性分析，可知在0.01的水平上均为极显著正相关，说明这些学习环节的设置均促进了学生学习成绩的提高和知识的掌握。

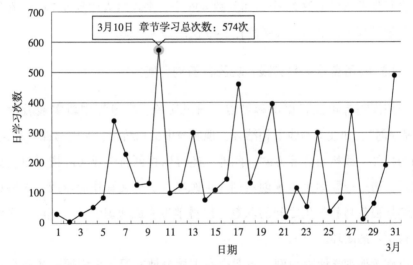

图3-1　2019—2020学年第二学期（3月）某班级87人课前学习次数

（三）建立深度课堂，培养创新创业能力

从建构主义的角度看，当学生带着生活经验和课前学习的知识进入课堂时，教师就有机会利用多种手段帮助学生建立新旧知识之间的联系，以及掌握运用知识解决实际问题的能力。教学手段可以多种多样：如提问，提出高认知问题，使学生产生认知冲突，激发学生积极思维；[①] 如讨论，进行生生互

---

① 林崇德，胡卫平. 思维型课堂教学的理论与实践 [J]. 北京师范大学学报：社会科学版，2010 (1)：29-36.

动、师生互动，引导学生进行浪漫主义思考，发表不同见解，建构具有个体特点的知识和处理问题的不同经验，强化学生的主体意识，提高学生参与度；如实操，注重方法的学习和实操，让学生注意到知识形成的过程；还可以采用情景模拟、案例分析；等等。

旅游地理学课程在设计课堂教学流程与开展课堂教学活动时，教学内容上进行重难点讲解、案例分析讨论、方法学习等，教学方法上则采用讨论、提问、探究等方式，激发学生主动参与、积极思考的热情，完成知识内化的同时培养学生创新创业所需的能力。如 2019—2020 学年第二学期在本课程学习平台师生发布讨论数 28 个，回复数 496 个，平均每人回复 5.7 个；在线上课堂教学过程中，平均每次课都有 3~5 次的师生互动。

（四）利用实验实习实践，巩固创新创业能力

每门课程都可以根据课程特点，通过实验、实习等创新实践教学开展"课程双创"，如线上与线下相结合、现实与虚拟相结合、课内与课外相结合、校内与校外实践相结合等方式。此外，还可以将创新创业实际指导过程延伸到课后，通过指导学生申请创新创业训练项目、论文写作等延续，这些途径将继续加强教师和学生之间的联系，使得学生完成知识学习、理解、实践创新、再学习的闭环。

以旅游地理学课程为例，该课程有 1 周分散实习，采用探究式教学强化能力目标的达成。探究式学习是仿照科学研究的过程来学习，是在教师的启发诱导下，以教材知识点为探究基本内容，以学生生活实际、周围世界为探究对象，让学生以个人或团队的方式进行质疑、讨论、调查等活动，最终形成论文报告。该教学方法至少在以下两个方面进行创新能力训练。

（1）以问题为导向。在科学领域，科学创造者所具有的问题导向的知识架构，是做出高创造性成就的重要基础。[1] 探究式教学即以问题为导向，引导学生进行探索。在旅游地理学课程中，这些问题来源于课本知识点（见表

---

[1] 金盛华，张景焕，王静. 创新性高端人才特点及对教育的启示 [J]. 中国教育学刊，2010（6）：5-10.

3-1），但与实习实践密切结合，同时学生可以在此基础上探索新的问题。应用概念、规律、理论解决实际问题，是学习知识的目的，是加深理解的重要环节，是检验知识掌握情况的主要方法，也是创新活动的开始。

表 3-1 2018—2020 年旅游地理学课程探究课题举例

课题举例	对应理论知识模块
清西陵旅游动机研究	动机（第 3 章第 2 节）
清西陵游客满意度调查研究	感知（第 3 章第 3 节）
清西陵景区游客接待量预测	旅游需求预测方法（第 4 章第 3 节）
清西陵风景质量评价	心理物理学派评价方法（第 5 章第 3 节）
清西陵旅游资源调查、分类与评价	专家学派评价方法（第 5 章第 3 节）
清西陵生命周期分析	巴特勒的旅游地生命周期理论（第 6 章）
太行水镇现状调查研究	游憩商业街区（第 7 章第 2 节）
清西陵旅游环境容量测	旅游环境容量测算（第 8 章第 2 节）
清西陵自行车道选线研究	交通旅游产品（第 9 章）

课程内容为创新创业提供了无穷的选题。以旅游管理专业其他课程为例，如旅行社管理，可以项目驱动方式，开展旅行社创立、产品设计、营销策划、市场细分、风险管理方案制定等创新创业实践；如会展运营管理，可以开展研讨会方案策划、婚礼策划、服装发布会策划等实践活动；酒店管理可以开展前厅入住接待服务程序智能优化研究、结账退房程序智能优化研究等。

（2）培养多种能力。探究式教学环节众多，学生要完成选题、文献阅读、撰写研究计划、准备调研材料、实地调研、数据分析、论文撰写汇报等环节。在探究过程中学到的不仅是陈述性知识，还包括程序性知识。这是与普通课堂完全不同的学习经历，是学生创新创业思维的培养过程。该教学方法锻炼了学生的综合能力，包括语言表达能力、思辨能力、汇报能力、总结分析能力和科学严谨的思维，与创新创业基础课上所学的痛点探寻、撰写商业计划书、路演答辩等环节所锻炼的能力相对应，见表 3-2。

表 3-2　旅游地理学课程探究式实践教学安排及能力培养

时间	教师任务	学生任务	学生作业	能力培养
第 1 周	探究式教学目的意义、时间安排、步骤、评价方法	理解任务	—	团队合作意识
	选题介绍	选题分组	分组名单	团队沟通能力
第 2~5 周	讲授文献查阅及阅读方法并检查查阅情况	精读文献	文献阅读记录表	有效信息筛选、资料分析综合
	讲授、批阅、指导研究计划撰写	填写研究计划	研究计划表	批判性思考
第 6~8 周	讲授、批阅、指导问卷/量表设计	设计、修改问卷	问卷	动手能力、文本表达能力、理解能力等
实习前 1 周	讲授外业调查注意事项	打印问卷	—	—
外业调查	根据调查主题现场讲解、指导外业调查	现场调研	调查数据	理论联系实际的能力、沟通表达能力、分工协作能力
外业后 1 周	讲授、指导数据整理及分析（SPSS 软件）	使用 SPSS 分析数据	—	数据分析能力、科学精神
外业后 2 周	讲授、批阅、指导论文写作	论文写作	—	写作能力、团队合作、创新性思维
外业后 5 周	评阅论文	论文汇报	论文	语言表达能力、逻辑思维能力和创新成果展示能力

（五）"课程双创"改革成效

随着不断思考总结实践，该课程内容越来越丰富，课程形式越来越活泼，教学环节越来越严谨。越来越多的同学积极主动地承担探究任务，探究成果质量明显提升。总体上学习欲望越强的同学越认可探究式教学。部分同学以课程论文为基础取得了以下成果：部分同学通过该课程的学习，对学术研究产生了兴趣，并以课程论文为基础发表期刊论文；成功申请创新创业训练项目；进行毕业论文研究，并有同学获得校级优秀毕业论文。

从取得的成果看，旅游地理学"课程双创"改革实践初步达到了预期。接下来将继续完善探究课题，规范教学程序，继续探索合理的以过程激励为核心的成绩评定方式，指导学生发表论文，申请创新创业项目，最终达到培养学生分析和解决实际问题的能力，以及研究性思维的教学目标。但同时也看出，"课程双创"成果取得周期长，教师需要额外付出很多心血，也需要有很好的耐心。

三、结论及建议

综上所述，对于"课程双创"，提升课程教学目标是关键，采用翻转课堂是必要环节，建立思维型深度课堂是重要手段，通过延伸教学时空获得成果，见图 3-2。

在整个教学过程中需要教师付出极大的精力，需要教师对教学工作有着极大的热情。因此各高校要结合学校实际情况，从教学考核、职称评定、教育培训等方面对开展"课程双创"的教师进行政策支持，积极鼓励教师开展"课程双创"；开展培训、交流，不断提高教师的教育教学水平和指导学生创新创业的实践水平；建立并完善"课程双创"的长效机制，营造学生主动"双创"、教师乐意"双创"的环境。

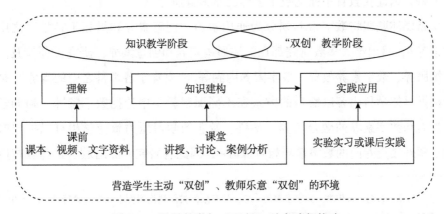

图 3-2　课程教学与"双创"融合路径构建

第二节　在课程中培养数字素养

2021 年为元宇宙元年，人类将构建一个与现实世界相映射与交互的数字化虚拟世界，数字技术和素养将成为未来高效参与日常生活、工作等各种活动的基础。美国国际教育技术协会（International Society for Technology in Education，ISTE）于 2016 年 6 月发布了《学生标准》，认为在一个日益数字化的世界中学习和生活需要做好 7 种角色：主动学习者、数字化公民、知识建构者、创新设计者、有计算思维的人、有创造力的沟通者和全球合作者。而这 7 种角色，都需要适当的项目经验来进行训练，否则学生很难自己发展出这种能力。

2021 年 11 月，中共中央网络安全和信息化委员会发布的《提升全民数字素养与技能行动纲要》指出，要把提升全民数字素养与技能作为建设网络强国、数字中国的一项基础性、战略性、先导性工作，进一步凸显了数字素养培养的重要性和紧迫性。数字素养的培育和提升问题成为人们关注的热点。截至 2022 年 6 月，我国网民规模已经超过 10 亿，成为全球最庞大的数字社会，但大部分网民的数字技能不高，在获取、处理、创造数字资源等方面能力欠缺，因此在教育中强化数字素养已是大势所趋。

新媒体联盟将数字素养划分为通用素养、创意素养和贯穿于各学科之中的素养[1]，目前绝大多数研究都在关注通用素养和创意素养，研究主题涉及图书馆服务、数字素养教育、数字素养内涵等。"贯穿于各学科之中的素养"是指根据具体学科内容以恰当的方式在不同课程教学中传播数字素养，强调学科素养和数字素养的融合培养。学科、专业的学习压力致使学生难以抽出时间去额外接受专门的数字素养教育课程[2]，因此有研究者提出数字素养教育应

---

① 马克·布朗，肖俊洪. 数字素养的挑战：从有限的技能到批判性思维方式的跨越 [J]. 中国远程教育：综合版，2018（4）：42-53.

② 赵丽梅，黄丽霞. 以数字素养教育为导向的高校专业课程体系协同建设方案探讨 [J]. 情报探索，2021（7）：101-105.

该嵌入传统学科课程，在潜移默化中培养学生数字素养。然而目前结合具体专业及课程教学进行数字素养培养的实践研究案例却极为匮乏。课程是人才培养的核心要素，教育改革改到深处便是对课程的改革，在课程教学中兼顾数字素养的培养对于完成全民数字化素养和技能的提升具有重大意义。同时，新文科建设的本质在于基于学科交叉和知识融合构建新型文科知识体系和人才培养模式，因此在课程教学中兼顾数字素养的培养也是新文科建设的题中之意。

综上，本研究聚焦一流课程建设背景下的旅游地理学课程改革探索实践，紧跟社会发展和学科前沿，基于多年教学实践，重构课程内容和结构要素，以期提高课程的高阶性、创新性和挑战度；通过科学考核与评价来激发学生学习动力和专业兴趣；并对在课程中如何培养学生的数字素养进行总结归纳，为元宇宙视野下课程如何进行数字化转向提供借鉴。

一、数字素养融入教学目标

"数字素养"早在 1994 年就由以色列学者阿尔卡来（Alkalai）提出，是经过媒介素养、计算机素养、信息素养、网络素养的流变所形成的。现有数字素养模型和框架 100 多种，无论是定义还是术语都未能获得共识。数字素养是一种综合素养或跨学科素养，是人们在工作、学习、休闲及社会参与中适当运用数字化手段识别、理解、创建、交流、批判信息并解决问题的能力与态度，包含对知识、技能与态度的多层次要求。一流课程建设背景下，课程的教学目标要具有创新性、高阶性和挑战度，也同样会具备多个层次。

李艺等提出了核心素养"三层结构"模型，见图 3-3（a），并指出核心素养培养要想真正落地，知识和技能是基础，问题解决是过程和方法，思维是教学的最终目标。[1] 在"三层结构"模型基础上，本研究构建了数字和学科素养融合培养的"三层结构"模型，见图 3-3（b），并具体化为数字文旅

---

① 李艺，钟柏昌. 谈"核心素养"[J]. 教育研究，2015，36（9）：17-23，63.

素养培养模型，见图3-3（c）。专业基本知识和技能、数字基本知识和技能是基础，为解决专业问题夯实基础，在解决问题过程中通过实践体验、知识内化等获得的思维方法或者价值观，包含3类思维，包括文旅专业思维、数字思维和数字文旅思维。需要强调的是，随着对素养理解的日渐深入，思维被认为是高阶目标，在课程教学中越来越受到重视。高阶思维被认为是知识的深度建构、迁移运用和解决复杂问题。相应的教学内容、方法和评价必须进行改革以匹配教学目标，即实现教学内容数字化、个性化，教学方法深度化、综合化，以及教学评价过程化、思维化。

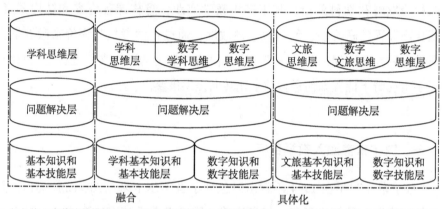

图3-3　数字学科素养培养"三层结构"模型

二、教学内容培养数字素养

在兼顾数字素养培养的课堂教学过程中，教师应选择专业问题，指导学生在专业情境下利用虚拟世界数据观察分析真实世界或者为虚拟世界贡献真实数据。如将大数据获取及分析方法融入课堂，让学生掌握大数据获取、处理分析的技能，利用大数据的方法去验证、挑战理论。这需要教师主动提升数字技能，掌握数字化工具和各类数字资源及其在本学科的研究进展，同时结合学生的知识基础、课时容量、教学进度等要素不断进行调整。① 不能忽视学生的认知水平而一味采用高难度、高标准、高水平的科学家式的课程设计，否则，只会导致学生态度与行为上的不合作与不作为。研究以百度指数等在旅游地理学课程教学中的应用为例展示通过教学内容培养学生的数字素养。

（一）百度指数

1. 百度指数简介

通过数字基础设施，每个人都成为大数据的提供者与发布者，无时无刻不在记录人们的生活、行为，形成了具有规模大、生产速度快、形式多样、细节丰富等特征的大数据，详细、实时、动态地映射着现实世界。利用网络大数据有助于认识真实世界的运行规律和特征。从复杂的大数据中挖掘有用信息解决学习、工作中的问题成为必要的数字素养。

百度指数便是其中一类大数据。百度是全球最大的中文搜索引擎，百度搜索在搜索类平台中具有庞大的用户基数，并拥有相对较长的发展历史。百度指数基于海量用户搜索数据，挖掘舆情信息、市场需求、用户特征等数据。借助百度指数进行用户关注度的数据分析具有可信度和代表性。百度指数以网民行为数据为基础，计算网络用户在百度网页中对某关键词的主动搜索频次并进行加权，以曲线图呈现，反映了网络用户对关键词的关注程度及持续变化情况。通过百度指数可知某个关键词在百度的搜索规模有多大、一段时间内的涨跌态势，以及相关的新闻舆论变化，关注这些词的网民是什么样的、分布在哪里，同时还搜了哪些相关的词，帮助用户优化数字营销活动方案。

这种来自虚拟世界的基于百度指数的网络关注度被认为能够客观反映真实世界旅游景区客源市场的特征及其时空变化。因此，将百度指数等大数据融入旅游地理学课程教学，同时培养学生的专业素养和数字素养，且有助于

---

① 张欣琪. 数字素养为何成为教师"必修课"：来自欧盟和挪威的样本分析［N］. 中国教师报，2007-10-27（3）.

创新教学模式和教学方法。但目前很少将百度指数用于旅游地理学课程教学实践中。

2. 应用价值

旅游者行为分析是旅游地理学课程的重要教学内容，它是旅游资源开发条件评价的基本内容，也有助于分析旅游客源地和目的地之间的关系。如果市场定位不科学不合理，对旅游资源进行盲目开发，会对旅游资源造成开发性破坏，因此旅游者行为分析是旅游资源开发的基础条件。真实世界的旅游景区客源市场数据通常很少公开，如获取景区的游客量需要景区或者管理部门配合，因此只能讲解主要理论让学生死记硬背。而百度指数获取容易、简单直观，可形成时间序列数据，以进行趋势外推、时空分布特征等进一步分析。充分利用百度指数可以让学生动手实践、进行深度学习，以理解旅游地理学课程的理论知识，打破教师理论灌输、学生死记硬背的现状。

3. 教学应用

教学准备，熟悉百度指数界面，正确搜索关键词。

打开网址 https://index.baidu.com/，输入关键词，点击"开始探索"。注意在搜索时要选择正确的关键词，如搜索"天津热带植物观光园"（官方公布的准确名称）没有数据显示，但搜索"天津热带植物园"可以得到较好的数据，这可能跟景区设定或通俗叫法有关系。所以，可以多尝试以选择恰当的搜索词。也可使用需求图谱中的关键词判断搜索结果与景区区位是否相符，是否是搜索对象。百度指数是典型的二手数据，带有二手数据和大数据的缺陷，如不具针对性、数据庞杂等，需要教师指导学生对搜索结果进行辨别。

以人文旅游资源的代表北京故宫博物院为例展示以下教学情境。

教学情境 1，观察景区的网络关注度随时间变化的规律。

直观观察景区自百度指数上线以来的网络关注度变化趋势；也可以观察研究关键时段如五一假期或十一黄金周前后网络关注度变化，发现规律，对游客量进行预测；还可利用"对比时间段"功能选择两个时间段对景区的关注度进行对比。

具体操作：首先，请学生直观观察自"百度指数"上线以来北京故宫博物院网络关注度的变化趋势（见图3-4），引导学生观察趋势、发现时间变化规律，包括季节变化、月变化、周变化等；其次，也可以在图3-4中a位置选择关键时段如春节，观察特定时间内网络关注度变化，帮助学生理解假期对人们出行的影响；最后，还可利用新增功能"对比时间段"（见图3-4中b位置）选择两个时间段对景区的关注度进行对比。

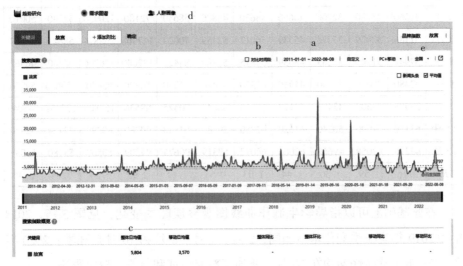

图3-4　北京故宫博物院2011年1月1日起"百度指数"的变化曲线

教学情境2，景区是否有淡旺季？

掌握淡旺季差异有助于景区对游客进行科学管理，在实践中通过获取每月的游客访问量进行分析，但在教学中难以获得公开的游客访问量数据。因百度指数与实际游客量的相关性，故可以用百度指数值进行表征。具体操作如下：将鼠标放在如图3-4所示网页中的趋势线上，移动鼠标可以获知任意一天的百度指数值；在图3-4中a位置将网页中的时间段设置为1个月，图3-4中c位置显示该月份的百度指数的日均值，再乘以月天数，便可计算得出月网络关注度，见表3-3。

表 3-3 2011—2021 年故宫博物院月网络关注度与季节性强度指数（R)

月份	2011 年	2012 年	2013 年	2014 年	2015 年	2016 年	2017 年	2018 年	2019 年	2020 年	2021 年
1 月	29078	32798	35123	38192	51708	50530	53320	78492	130665	97495	48484
2 月	28028	32335	30296	39368	45724	51504	45612	201936	298480	44254	49616
3 月	31310	36549	34224	40269	50654	49755	55552	95108	117180	55676	54560
4 月	30660	38070	36570	41490	48540	51600	54570	105990	112170	62160	58530
5 月	47337	32798	38657	42129	51119	47058	58900	90179	89404	66619	55335
6 月	30360	28230	32700	40650	48630	44880	58650	72180	120930	52740	50010
7 月	31186	32829	37076	45539	56017	52359	70029	127968	162874	58621	64418
8 月	37944	31744	37665	48639	57815	53289	83421	137640	136896	66340	46562
9 月	33480	29040	36390	41940	62310	48420	61890	56220	95430	123630	59970
10 月	38998	34503	43493	52173	67518	56048	70525	88536	167803	173352	145049
11 月	63150	51990	50340	61620	62280	59280	64800	90780	80790	72750	52980
12 月	43276	47058	49662	62062	64077	57319	90675	94209	80507	55180	54033
R	2.16	1.59	1.30	1.44	1.03	0.65	1.61	2.95	3.59	3.84	3.46

在此基础上可以指导学生制作曲线图观察淡旺季变化，见图 3-5。2018
年和 2019 年淡旺季变化基本相同，2 月、7 月、8 月和 10 月是旺季；2020 年
和 2021 年旅游高峰期均在 10 月，叠加了新冠疫情和节假日双重影响。

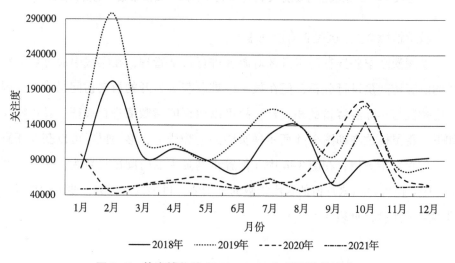

图 3-5 故宫博物院 2018—2021 年月网络关注度

可以用季节性强度指数来表征游客访问量季节变化强度，公式如下：

$$R = \sqrt{\sum_{i=1}^{12}(x_i - 8.33)^2/12} \qquad 公式（1）$$

其中：R 为季节性强度指数；R 值越接近于 0，游客访问时间越均匀，淡旺季差异越小，反之，淡旺季差异越大；x_i 为各月游客量占全年的比重。使用表 3-3 中获取的月网络关注度代替游客量输入公式（1），可以计算得出 R 值。结果分析发现北京故宫博物院每年的 R 值较小，均值为 1.97，相较其他景区，故宫博物院的旅游淡旺季差异较小，但自 2019 年起有增加趋势。

教学情境 3，分析景区访问量是否受新冠疫情影响。

指导学生将表 3-3 中各月的网络关注度值相加，可获得故宫博物院 2011—2021 年的网络关注度，见图 3-6。基于 2011—2019 年的网络关注度值，制作散点图，添加趋势线，可以预测如果不受新冠疫情影响，2020—2021 年故宫博物院的网络关注度会持续增加，但因为新冠疫情，2020—2021 年故宫博物院实际网络关注度显著下降。通过这个案例学生可以直观了解新冠疫情对景区客源市场的影响，不再停留在感性认识阶段。

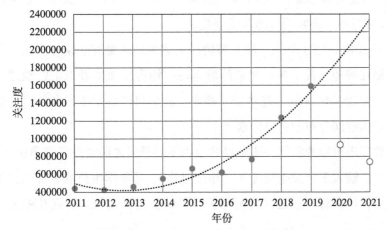

● 2011—2019年实际网络关注度　○ 2020—2021年实际网络关注度　……… 网络关注度预测线

图 3-6　故宫博物院 2011—2021 年实际网络关注度及预测

教学情境4，景区的客源市场地理来源及空间分布特征。

通过"人群画像"关注性别、年龄、地域分布；引导学生分析不同年龄、性别的群体对景区的需求特征，提出开发、营销对策；观察不同省份或城市的网络关注度量，分析市场营销的重点区域。

点击图3-4页面d位置的"人群画像"，得到一个地域分布界面，通过地域分布界面可以直接观察不同区域或不同省份或不同城市对景区的网络关注度，有助于分析旅游市场营销的重点区域。

计算地理集中度指数可以定量衡量故宫博物院客源市场的空间聚集特征。为了获取各客源地较为精确的网络关注度值，则需要在记录主要的省份名称之后，再回到图3-4中e位置，依次选择这些省份，选择年份，即可获取某个省份某一年内对故宫博物院的网络关注度。搜集故宫博物院2014—2021年来自不同省份网络关注度数据，详见表3-4，代入地理集中度指数公式：

$$G = 100 \times \sqrt{\sum_{i=1}^{n} (\frac{X_i}{T})^2} \qquad \text{公式（2）}$$

其中：G代表景区客源地的地理集中度指数；X_i为第i个客源地的游客数量；T为景区接待游客总量；n为客源地总数。游客来源越少越集中，G值越接近100；G值越小，则客源地越多越分散。

结果显示2014—2021年北京故宫博物院的客源地主要有北京、广东、河北、江苏、浙江等地，其中来自北京的游客每年均占比20%及以上；地理集中度指数集中在35~44之间，基本趋于稳定。此时可以请学生思考并讨论影响景区客源市场空间分布的主要因素。

基于此数据还可以考察同一旅游目的地内不同景区之间的空间竞争关系，具体操作如下：输入多个关键词选择"添加对比"，指导学生获取2个相关景区的以上数据，可以对景区之间的网络关注度特征进行比较，研究其差异及原因。

表3-4 2014—2021年故宫博物院主要客源地、网络关注度及地理集中指数（G）

	北京	广东	浙江	山东	河北	江苏	上海	河南	四川	湖北	G
2014年	194910	74460	66065	71905	73000	67890	56940	62780	52195	51100	35.63
	北京	广东	江苏	上海	山东	浙江	河北	四川	河南	湖北	
2015年	283605	83220	76285	66795	79570	70445	79935	61685	69350	55480	38.47
	北京	广东	四川	河北	浙江	山东	江苏	上海	河南	湖北	
2016年	255834	81984	76494	76860	66612	73932	73932	62952	66246	54168	37.41
	北京	广东	河北	山东	上海	江苏	浙江	河南	四川	湖北	
2017年	400405	98915	97820	92345	82490	92345	76285	79935	68255	63510	41.11
	北京	广东	河北	山东	江苏	上海	浙江	河南	四川	湖北	
2018年	557720	143080	151475	137240	136145	118990	109135	111690	88695	84315	40.73
	北京	广东	浙江	江苏	上海	山东	河北	河南	四川	湖北	
2019年	775260	177755	139430	159505	134685	159140	184325	129940	105850	95630	43.17
	北京	广东	浙江	江苏	上海	山东	四川	河北	河南	湖北	
2020年	397110	143106	108702	117852	102114	108702	90036	108702	93696	75396	37.94
	北京	广东	江苏	浙江	山东	河北	河南	上海	四川	安徽	
2021年	305505	110595	102930	98185	92710	87235	84315	82490	75920	70445	36.77

4. 教学设计

在具体教学中，可以采用项目式教学。与教学实践相结合，选择一个本地景区，在使用大数据做出分析后，再进行实际调研，在真实世界中感受和体验并进一步提升理性认识。

5. 小结

利用百度指数可以让学生学会使用大数据深度掌握景区的客源市场特征，深刻体会客源地与旅游目的地之间的关系，有助于旅游地理教学从让学生"死记硬背"转变为基于大数据的探究教学；同时帮助学生学会在海量数据中挖掘有用数据，提炼为信息，增强对网络数据的驾驭能力；同时培养学生的数字素养和地理素养。

（二）其他大数据

1. POI 兴趣点——真实世界的虚拟反映与交互

POI（point of interest）数据泛指互联网电子地图中的点类数据，数据量大、易获取。POI 数据可以用于分析计算，如导航定位、地理编码、周边搜索、热度分析、密度分析、选址决策分析等；也可以用于可视化展示，如灯光图、聚簇图等。

旅游产业时空分布研究可以帮助了解区域旅游业空间布局以及发展特征。以往的产业位置数据依赖于实地调查。使用 POI 数据可以获取旅游产业空间分布信息，在此基础上可以运用 GIS 对产业的空间分布特征进行分析。具体操作如下，指导学生在"高德开放平台"申请平台账号后获取服务密钥，下载安装 Civitsav 软件，输入密钥及兴趣点类型（景区、酒店等），设置输出格式为 .csv 或 .text 即可抓取兴趣点，检索结果包括兴趣点名称和经纬度等。或者直接在规划云网站线上平台进行。之后在 Excel 中打开，对数据进行清洗，导入各类 GIS 平台或者线上地图平台进行可视化及空间特征分析，常见的空间特征分析方法包括核密度分析等。

2. 网络文本——人们对真实世界的情感、态度在虚拟世界的反映

游客满意度分析可以为旅游资源开发、规划、项目设计提供依据。以往的教学中旅游满意度研究主要依赖游客问卷调查结果，主要培养学生旅游问卷设计、调查以及数据分析的能力，而网络评论数据则为研究旅游满意度提供了大量的更为真实的重要材料。以北京环球影城游客满意度研究为例，具体操作如下，在马蜂窝、大众点评、去哪儿、携程等网站中选择其中 1 个，使用八爪鱼等软件对评论文本进行爬取，数据清洗整理后使用 ROST CM6 等软件，获取词频、语义网络以及情感等分析结果，掌握游客满意度。

三、效果及展望

(一) 教学效果

（1）培养了学生的数字素养和技能。学生一开始面对大量的数据无所适从，教师指导其获得数据后，利用各种软件使用各种方法从各种跳跃性、零碎的信息中获取有用的部分，并进行知识、信息的整合和再创造，从而获得研究成果。学生对掌握"用数据说话"的能力倍感兴奋，将获得的数字技能广泛用于后期的各类比赛、课程作业中，主动提升其数字素养和学科素养。

（2）促进了深度学习及学术素养的培育。学生从课程基本理论出发，运用大数据解决实践问题，在此过程中进一步加深了对理论的理解和认识，经历了从"理论"到"实践"再到"理论"的飞跃。这一过程增加了课程教学的深度和广度，符合学生终生发展和社会发展需要的必备品格和关键能力的要求。

(二) 未来展望

在数字化背景下，构建"数字素养"三层结构模型，培养学生的数字意识、计算思维有助于提高其终身学习能力，使其更好地融入数字时代。将数字素养融入学科教学，不仅可以确保学生能够使用数字技能，而且可以发展学生选择正确的数字工具来处理特定问题或情景、创新性解决问题的能力和思维。因此，将数字素养培养与学科、课程相融合是数字化素养提升的必要路径。

第四章

指向深度学习的"旅游地理学"一流课程建设研究

第一节　教学目标

旅游地理学是研究人类旅游活动与地理环境及社会经济发展关系的一门学科，它涉及面广、内容丰富、体系庞大。旅游地理学是旅游管理专业的专业基础课程，在大二下学期开设，理论性和方法性都很强，课程目标是帮助学生建立从空间角度理解旅游产业及其影响的基本知识体系，培养学生用地理学的思维和方法分析旅游问题的能力，使其初步具备研究型思维和思辨意识，为将来学习旅游规划、旅游策划、旅行社管理等专业课程打下坚实的基础。

教学目标设定考虑以下因素：

（1）思考未来需求。随着数字化时代的到来，各学科也会逐渐进入"数字化转向"阶段。在行业实践中，数字文旅一直方兴未艾，在学科研究中，大数据的研究与应用成为热点话题。如何结合具体学科教学培养数字素养成为值得探索的方向。

（2）分析学习痛点。多年来通过授课实验，指导学生论文、课题、实习等环节，多次与学生深度交流，可以知道学生普遍存在以下问题：①管理类课程教学中最主要的问题是学生"一听就懂"，真正实践时却无从下手；②学生在上课时更多地关注零碎知识，不能搭建知识框架，缺乏系统性思维；③本专业学生高考录取时文科生占比较高，学生理解能力好，定量思维有所欠缺；④研究性思维欠缺，而研究性思维将帮助学生在未来的生活工作中能够辩证地看待问题。

（3）支撑人才培养目标。在新文科建设背景下，旅游地理学理论知识为道，大数据、地理信息系统等学科知识为术，融通交叉，支撑本专业培养目标和毕业要求。

因此教学目标如下：通过有效利用各类大数据、小数据科学认识旅游地理学理论，通过探究式实践教学使学生初步具备解决乡村旅游中现实复杂问题的能力，在此过程中培养其科学思辨、团队协作和创新精神。

第二节 教学资源

一、教学资源

（一）微课视频低成本制作

本课程采用"五步无脸录屏法"，在 2016 年即完成了 18 个微课视频录制。该录课方法成本低廉，制作精美，在教师办公室即可完成。主要的步骤包括：内容规划、制作脚本、制作 PPT、录音、视频合成。

（1）内容规划。对整体课程内容进行宏观考虑，结合章节的重要性及其重难点，梳理出关键知识点作为微课内容，可以使用思维导图进行，这些知识点要自成体系。

（2）制作脚本。给要录课的章节撰写脚本，脚本是制作 PPT 和录音的依据，脚本可以在讲义的基础上修改，但要以写科学研究论文的功夫和态度去对待每字每句；内容结构可分为三部分，第一，导入，主要与实践相结合说明该知识点的重要性；第二，主体内容，可使用案例教学法等；第三，总结，如用思维导图对内容进行总结。

（3）制作 PPT。依据脚本制作 PPT，要尽可能使 PPT 生动活泼。根据对学生的调查，学生更喜欢动画、动图，其次是图片。

（4）录音。根据脚本使用录音软件录制音频。

（5）视频合成。使用录屏类软件，播放 PPT 并录制，之后与录音文件合成。

使用该方法制作视频，效果精美，方法简单，价格低廉，主要购买的设备是录音设备，主要使用的录制软件包括剪映等均可从官网下载使用。

本课程的视频内容和形式，遵循教育规律，有以下特点：

（1）以微课形式呈现，5 分钟左右的视频呈现一个独立完整的知识点。

（2）课程导入部分告诉学生该部分内容将会在旅游行业哪些场景应用，例如第 4 章旅游资源评价是《旅游规划通则（GB/T18971—2003）》中规定的旅游规划的重要组成部分，第 7 章旅游最大承载力是 5A 级景区根据《景区最大承载量核定工作导则（LB/T 034—2014）》要求必须确定并公示的内容，是节假日景区开展限流的依据。

（3）介绍国内外最新研究进展，例如国内外有关旅游动机的研究内容、主要理论和研究方法。

（4）较多案例。根据课程内容搜集国内外相关研究或实践案例，更好说明理论内容。

（5）注重技术手段的学习，例如教会学生使用 Excel 进行一元回归分析和甘特图制作。

（6）教学方法多样。在视频中综合应用理论辨析法、知识点思维导图法、案例教学法、场景教学法等多种教学方法，达到多种目的，详见表 4-1。

表 4-1　视频中应用的教学方法及目的

教学方法	教学目的
理论辨析法	深化对理论的理解，锻炼逻辑思维能力
知识点思维导图法	加强对知识点的记忆，锻炼归纳总结的能力
案例教学法	通过案例教学引导学生合理地选取和使用研究方法和分析工具
场景教学法	促进学生充分地掌握理论联系实际思想的精髓

（二）习题库

习题库包括两类，一是基础习题库，二是能力习题库。基础习题库，重点考察视频学习后学生对基本知识的掌握程度；能力习题库，以课堂讲授的延伸知识及其灵活应用为主，重点考查学生课堂学习效果以及对知识的灵活掌握程度。

（三）参考文献库

分章列出精选的、与课程内容密切相关的参考文献，有的文献是课本案例的原始文献，有的文献是课本理论或方法的延伸。此外，还可将课程组教师发表的论文转换为教学案例。

（四）软件学习资源库

根据学生水平和探究作业需要，为学生遴选优质慕课资源，提供软件学习的指向性资源，包括 ROST CM6、SPSS、GIS 等，以支持学生进行数据分析和结果分析。

（五）讲座视频

搜集公开的专业讲座视频，供学生反复学习。同时邀请业界专家，进行现场讲座或实地讲解，提升学生认知，开阔学生眼界。

二、课程思政体系构建

基于情境实现以旅兴农目标。通过对数字农旅案例进行阅读分析和实地考察，创设农旅情境、探究农旅情境和感悟农旅情境。解析案例背后的精神密码，引导学生思维向更深处探寻。

基于任务实现科学思辨目标。主要通过完成科学探究任务进行思维锻炼，理解理论明白事理，科学分析追求真理。明确立足专业领域"我应该如何"，以避免出现"听着感动、想着激动、落到实践不能动"的问题。

基于活动实现自我成长。主要采用教师示范、案例分析、团队协作等各种教学活动，时时处处培养主动进取、团队协作和创新精神。

第三节　教学方法

教学方法的改革重心是加强培养学生的创新精神和创新能力，对灌输式和过分偏重讲授的教学方法进行改革，采用启发式、讨论式、研究式的教学方法，重视学生的主体地位，充分调动其积极性、主动性和创造性。根据旅游地理学课程教学目标，构建有助于数字素养培养的深度学习教学模式，需要综合利用各种教学方法，如探究式教学、翻转课堂和实践教学，其中探究式教学是核心。该组合充分体现了研究性、实践性和主动性，以加强学生的实践动手能力，培养创新思维和团结协作的作风，培养分析和解决实际问题的能力。教学形式上，强调学生参与，在调察、探究、总结等一系列活动中去发现问题、解决问题。因教学方法多元，可制作学生学习规划表，见附录2。

一、探究式教学

（一）探究式教学中的"教"

1. 探究题目特征

要由教师提出与教学内容相关的题目，因为本科生在确立一个难度和工作量合适的题目方面还难以胜任。在此过程中，对于本课程而言，最重要的是：第一，依据的理论来源于教学内容，题目要与书中重要知识点对应，尝试让学生摒弃课本无用论的思想。第二，探究对象的选择与实际相结合，使学生既能感觉到题目的现实意义和必要性，又有机会深入调查，如本课程曾经的探究对象包括"大学生""直隶总督署""校园风景""竞秀公园"等；

因新冠疫情及对数字素养的关注，2020 年开始，重新确定了探究题目，尽量使用大数据，见表4-2。第三，题目要难易适中，接近但适当高于学生发展，任务量能保证每位同学（小组 4~6 人为宜，遵循组内异质组间同质的原则，开展合作学习）都能参与其中。

表4-2　2020—2024 年探究课题示例

大数据探究题目示例	大数据类型
到访乡村旅游景区：主要目的是什么？	网络文本
游客对乡村旅游景区哪里不满意？	网络文本
游客都去哪里玩了？	数字足迹
疫情下景区游客访问量：有些景区可以偷着乐？	百度指数

2. 探究过程细化

包括文献阅读及整合、研究方案制定、调研实施、调查结果分析、报告写作汇报等环节，并将其分散到 1~15 周进行。其中文献阅读及整合、研究方案制定培养学生分析解决问题的能力，调研实施、调查结果分析和报告写作汇报培养学生方案形成的能力。实地调查有助于学生了解实践，给出科学方案。

（1）文献阅读及整合。通过教师课堂讲授以及阅读文献，掌握兴趣课题的基础理论、研究进展、研究方法、所需数据等内容。

（2）制定研究方案。研究方案的内容包括研究意义、研究目的、研究方法、所需数据、数据处理方法等。

（3）制定调查方案。根据研究方案的内容，具体说明如何进行数据获取，包括数据获取时间、地点、方法等。具体而言，如果采用问卷调查法，则需要设计问卷、搜集问卷、分析问卷数据等环节；如果采用大数据，根据问题需要爬取、清洗、分析、可视化大数据等。

（4）实地调研。根据调查方案，准备调查所需的问卷、访谈提纲等，并进行实地调研。

（5）调查结果分析。将实地调研得到的数据进行整理分析，并根据调查结果给出对策或者规划和策划方案。

（6）报告写作汇报。将以上工作内容进行整理，撰写报告。根据调查报告，制作幻灯片，并在课上进行汇报。教师要点评总结，学生可以了解自己的不足，为以后的学习提供空间。

3. 保证探究质量

（1）检查答疑。教师在课题进展过程中要起到检查、指导作用，如果学生的疑问得不到及时解答，会使探究质量大大下降。检查答疑贯穿整个教学过程，时间主要集中在课下，因为课堂时间需要完成教学大纲规定的教学任务。

（2）时间安排。教师要具体安排各个环节的工作内容、完成标准、完成时间及上交材料，使得学生明确任务、清楚分工，为探究学习的顺利完成建立良好的组织基础。

因为涉及的步骤较多，因此在课程刚开始就要请各小组选择感兴趣的题目。可以制作甘特图将任务及其完成时间发放给学生，这样做主要有两个好处：①学生带着任务听课，学习的积极性主动性明显增强；②上述部分题目需要借助 SPSS 等学生从未接触过的软件，因此必须留出足够的时间供学生学习软件，而充足的准备时间也有利于提高任务完成的质量和水平。

4. 探究成果迁移

课程结束后，帮助学生将探究作业通过比赛和论文的形式加以深化。

（二）探究式教学中的"学"

1. 文献学习

通过文献学习明确题目的研究目的、研究内容、研究方法。因为有些题目所涉及的内容不能马上讲授，需要学生自己先通过平台观看学习视频等，借以提高学生的自主学习能力，同时引导学生学会通过电子期刊库、搜索引擎、报纸、网站等途径查找并获取有价值的信息，精读文献，初步建立对学术研究的认识。

在此步骤中，采用学生自学和教师提问相结合的方式。自学容易使学生处于一种"放羊"的状态，达不到预期的学习效果。因此，如何才能使学生在教师的指导下认真地去阅读教材和教材以外的相关资料，培养他们浓厚的兴趣，激发高涨的学习热情，这是自学得以成功的关键。如果与提问法结合，则可发挥两者联合的优势，达到取长补短的目的。教师可精心设计一些对学生来说要经过一番仔细阅读并且认真思考才能回答出来的问题，要求学生在指定的自学时间过后提交答案，并将其作为课程平时成绩的一部分，以此作为对学生自学的一种激励机制，从而提高学生自学的效果。

2. 实地调研

首先要制订调研计划。经过前面的学习之后，一些题目需要实地调研。学生要在教师的指导下确定调研目的、调研方法，准备问卷或者访谈计划等调研材料。

其次是实地考察。各小组对相应的题目做好调研准备后，由教师安排进行实地考察并实地指导。

最后整理调研数据。学生应用课本及文献中提到的方法进行数据整理分析，教师对遇到的问题进行指导。

3. 完成报告

学生在教师指导下，书写报告，并交由教师修改。教师要看重以下几点：论文结构完整性、方法的科学性、表达的清晰性、内容的创新性。无论做到其中的哪一方面，都代表着学生进行了思考，这是探究性教学最大的目的。

4. 汇报讨论

各小组代表汇报，请其他小组认真听取报告，并提出问题，小组成员集体回答问题，锻炼合作解决问题的能力。其他小组要给汇报的小组打分，从而使考核更公正和可信。

(三) 小结

纯粹的理论教学很难让学生理解并应用课堂内容，这是"课本无用论"产生的原因之一。探究式实践教学方法是由学习、思考、实践、探讨四个相互联系的学习环节组成，能够解决目前学生学习中普遍存在的学而不思、思而不疑、疑而不问的问题，是现代教学提倡的优良教学方式。探究式教学方法特别适用于旅游地理学等理论性和方法性较强的专业基础课程。

通过探究式教学的各个环节，形成教学互动，建立共存、共生、共长、共创和共乐的新型师生关系，为学生有效地完成学习任务营造良好的氛围，真正实现以教师为主导、以学生为主体的先进教育教学理念，培养学生的综合素质，提高旅游管理专业基础课教学的实效性。

二、实践教学

根据具身认知理论，认知、身体和环境组成一个动态的统一体，探究教学应该与校外实践充分结合，明晰理论与真实世界之间的联系，充分理解理论和数据，有助于对现象形成合理解释。

目前主要以清西陵、易水湖、太行水镇为主要实地调查区域，通过事前讲解、引导观察、提问分析、事后总结等程序，引导学生去主动发现和理解旅游客源地、旅游通道、旅游目的地之间的空间关系和相互作用，去理解旅游者行为规律，去感受和分析旅游开发的区域影响，等等。

除此之外，将探究式教学中的调研环节与实践教学相融合，让学生带着问题有目的地去观察、调查，思考理论与现实之间的矛盾。在探究中加入实践教学环节意义如下。

（一）是知识转化为能力的重要环节

田野调查法是旅游地理学课程一种非常重要的实践方法，尽管现代社会信息技术采集方式多样，但通过田野调查直接获取一手资料仍然是不可替代的。把学生带到课外进行实践教学，通过判断、体验和观察，与理论教学相互配合、相互补充、有机融合，才能使学生将理论知识内化为能力。

（二）延伸了教学的长度和深度

传统的理论教学是"理论讲授+机械记忆"，加入实践教学后，成为"理论讲授+方法学习+实践验证+反思理论"。这就要求教师及学生不仅要具备一定的旅游地理学基础理论，还必须掌握田野调查的基本知识和技能，并能将理论和实践结合。因此通过实践教学延伸了教学长度，加深了学生对理论的认识深度。

(三) 促进教师教学水平的提高

实践教学中，学生到现场直接观察，积极思考，必然会向教师提出各种问题，同样也会促进教师的学习和思考，同时实践成果也会丰富、提升、扩展教师的教学内容。

(四) 是全面提高学生综合素质的有效途径

通过实践教学活动，不仅可以培养学生理论联系实际的能力，培养其创新思维和团队协作意识，提高其观察、分析、总结、解决实际问题的能力，还能够加强学生对理论学习的重视程度。

三、翻转课堂

随着翻转课堂逐渐被熟悉和了解，国内外知名大学均通过各种网络平台推出了慕课和微课视频，为翻转课堂提供了便利条件。尤其对地方院校而言，不是所有的课程都需要制作视频，完全可以充分利用国内外知名院校的慕课和微课视频资源。但是通过视频学习只是完成知识传递的过程，知识内化的过程还必须由教师亲自来完成。因此，对大多数教师而言，最大的挑战是在翻转课堂上如何引导学生思考，如何组织讨论，如何激发学生各种能力，如何激励和评价学生，而不是如何制作视频。

翻转课堂教学的组织和管理是教师面临的新问题，也是直接决定翻转课堂成功与否的关键环节。翻转课堂上，教师要引导学生深入探究和思考，要更多扮演学生学习组织者、引导者和帮助者的角色，这就要求教师要根据本课程特点对翻转课堂提前进行组织管理研究。一般情况下，组织和管理难分彼此，相互交织。让学生在翻转课堂上进行习题练习达到知识内化的方法，仅适用于数学等课程，对于旅游学科的大多数课程而言，并没有大量的习题提供给学生；学生提问、组织讨论等方法又过度依赖学生和教师的个人能力，因此需要考虑课堂组织方式，相对固定和成熟的教学程序易于教师和学生理解执行。否则，翻转课堂很容易变成自习课和作业课，达不到翻转课堂的教学目的。

翻转课堂教学的主要目的是知识内化，发展学生应用知识创造性解决问题的能力，这与探究式教学方法的目的不谋而合。探究式教学流程复杂，而采用翻转课堂，通过线上线下学习相结合，完成知识和技能的学习，为问题解决过程和思维培养打下良好的基础，同时翻转课堂为探究式教学提供了充分的课堂时间。将知识类内容（包括学科知识、数字知识和技能）录制成视频放入线上教学平台，学生通过自主学习完成知识传递过程；线下课堂主要解决教学难点重点，以及学生在探究学习中遇到的问题，帮助学生进行知识建构。一般具体问题由视频、平台解决，特殊问题由教师解决。

（一）翻转课堂中探究式教学流程

在传统教学模式下，除小组汇报外，其他探究式教学环节都需要在课下完成（见图4-1），教师和学生的工作量都比较大，学生在探究过程中难免会遇到大量的问题，教师又无法及时帮助解决，学生的探究兴趣逐渐被压力代替，探究效果较差。

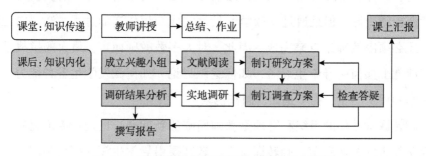

图4-1　传统教学模式下探究式教学基本流程

翻转课堂模式下的探究式教学，教学环节基本不变，但翻转课堂为探究式教学提供了充分的课堂时间，因此教学流程安排会有所变化。如图4-2所示，与传统教学模式下的探究流程相比，课堂翻转后，首先，学生通过自学视频完成知识传递的过程，腾出宝贵的课堂时间，师生可以就探究式教学的关键环节进行充分的讨论，学生有疑问时教师可以及时帮助解决，维持学生探究兴趣；其次，探究式教学的文献阅读环节与翻转课堂的课前环节可以很好地融合在一起，成为课前学习的三大内容：观看视频、完成习题、阅读相关文献；最后，课上汇报环节可以增加阶段性内容的汇报，督促学生学习，提高探究质量。探究式教学的其他环节仍然要在课下完成。探究式教学与翻转课堂结合，能够相互促进，有助于达到知识内化的教学目标。

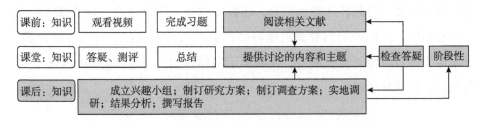

图4-2 翻转课堂教学模式下探究式教学基本流程

（二）翻转课堂应用探究式教学的优势

第一，可以充实翻转课堂，为整个探究过程提供讨论的内容和主题，教师可以在课堂上检查探究进度，回答探究疑问，学生可以对探究成果进行汇报；与翻转课堂教学模式的基本结构相比，课堂内容更加丰富，不会成为作业课和自习课。第二，可以使翻转课堂有计划，教师根据探究流程制订翻转课堂教学计划，有助于学生明确翻转课堂的教学内容和学习任务。第三，可以使翻转课堂充分发挥学生的主导作用，如学生可以将自己的阶段性成果进行展示。在教学过程中，会根据进度，请各兴趣小组讨论并宣读研究方案、调查方案等，教师可邀请其他教师、业界人士在课堂上参与各小组的讨论并给予指导，帮助学生完成探究过程。第四，"课题"驱动的探究任务使得学生主动思考，主动提问，使翻转课堂成为师生交流的空间。

(三) 小结

探究式教学与翻转课堂教学目标一致,是翻转课堂知识内化过程的有效组织方式,同时翻转课堂为探究式教学提供了足够的时间以及师生共同讨论思考的机会。翻转课堂教学作为信息时代的新的教学模式,越来越受到教育界的关注,但根据课程特色和教学方法等细化基本模型结构,因课施教还有待于继续深入研究。本节提出的"翻转+探究+实践"方法比较适合于理论性、方法性较强的专业基础课程课堂教学,有助于学生深入学习课本理论知识,并与实践结合起来。其他性质的课程如何进行翻转课堂教学还需继续探讨。探究式教学与翻转课堂相结合,还需注意教学的计划性,教学日历要发给每位学生,详细说明需要提前学习的内容和阅读的文献、每节课的内容,让学生为每节课做好充分准备,发挥学生主体作用,只有师生共同努力,才能取得良好的教学效果。

第四节 学生激励和评价

"翻转+探究"教学模式下的课堂教学管理面临的主要问题是如何提升学生自主学习能力,以及如何对学生进行测评。在教学实践中发现,学生多年的被动学习习惯,使得他们更愿意在课上安逸地听讲,而不愿意外出调查、思考、总结,也不重视阅读,懒于探究。与此同时,学生要出色地完成教师提问、小组讨论等环节,需要具备自学能力、自我约束力、查阅资料获取信息的能力、总结归纳能力、设疑能力、语言表达能力。翻转课堂上,能力不同导致学生的差异化更加明显,如何激励学生自主学习、积极参与翻转课堂教学,对教师的课堂管理能力提出了更高要求。因此,本研究借鉴了企业管理中"积分制"理念,对翻转探究课堂进行管理。

一、积分制管理理念

积分制管理就是用积分（奖分和扣分）对人的能力和综合表现进行全方位的量化和考核，可结合软件记录永久使用。积分制管理即以积分反映和考核企业员工的综合表现，把各种福利、待遇和积分挂钩，从而达到激励主观能动性、充分调动积极性的目的。目前积分制管理被用于企业管理、党员管理、实习生管理等多个领域，在大学课堂管理中应用较少。

二、翻转课堂实施积分制综合测评的意义

积分制综合测评应用于翻转课堂，一是使用鼓励的手段激励学生行动，提升其自主学习能力。推翻传统的"你不来上课我就扣分（平时分）"的惩罚性做法，用积分去鼓励学生主动探究的每一个行为，例如主动回答问题、引导讨论等积极的行为都可以给积分。积分制综合测评可以帮助发现学生的优秀行为，激励学生积极参与翻转课堂教学。二是帮助建立翻转课堂的学生评价体系。在以学生为主体的翻转课堂中，需要学生的积极参与，因此要将学生的平时表现与考核成绩挂钩，以更好地促进翻转课堂教学效果。应用积分制综合测评，可以记录学生平时的表现和行为，增加平时成绩的比重，甚至建立以平时成绩为主的成绩评价体系。总之，积分制综合测评有助于翻转课堂的管理，将学生评价从知识掌握评价为主转向综合素质评价为主，从结果评价为主转向结果和过程并重，从用"一把尺子"衡量所有学生的整体评价逐步转向具有多元标准的个性化评价，使对学生的评价更加全面客观，符合教育改革的未来趋势。

三、初步建立积分制综合测评系统

积分制综合测评关键在于积分制综合测评指标体系的建立。课堂管理可

以包括课前、课中、课后三个阶段，内容包括课前学习态度、学习进度、知识掌握程度、作业完成情况、课堂参与程度、小组探究开展情况、探究成果等。在实施翻转课堂过程中，建立了旅游地理学课程的积分制综合测评系统。通过实施积分制测评，降低了期末成绩的比重，学生课堂纪律、参与讨论的程度都可以记录评价，学生更重视平时作业和平时表现，学习主动性增强，对探究式教学应用于翻转课堂起到了促进作用。

此外，教学评价必须适应三层结构模型中提出的多阶培养目标，不只是对知识掌握程度进行浅层评估，而是对更重要的解决问题、批判创造和迁移应用的能力及思维进行评价，以鼓励学生积极思考，努力达成高阶教学目标。积分制综合测评系统采用过程性评价，并结合教学内容和教学方法与学生主体能力的匹配程度进行持续调整。该系统特点如下：

（1）评价数字化、个性化。通过翻转课堂以及混合式学习将部分学习过程迁移至线上，利用信息化教学平台，尽可能对学生的整个学习活动包括课前预习、课上活动、学习结果等进行数字化记录和处理，让其可捕捉、可量化、可分析，以此为基础实现个性化评价、反馈和指导，从经验式教学走向实证性教学、标准化教学走向个性化教学。例如，根据平台统计结果对大多数同学均出错的题目进行统一反馈；对学习意愿较强但成绩并不理想的同学，以及学习意愿较为消极、成绩也较差的同学进行特别提醒、鼓励和关注。

（2）设置过程性反馈节点。探究式教学环节众多，学生面临的困难和疑惑也会增多，因此在教学过程中对文献学习、研究计划制订、数据获取、数据清洗、数据分析、报告写作等环节进行反馈或评价有助于帮助学生顺利完成任务。

（3）制作思维评价量规。体现能力和思维的学习成果较为开放、综合，很难实现完全数字化评价，还需教师人工进行。量规是为了对学生学习过程中的行为、认知、态度或成果（如作品、论文等）进行评价而设计的一套等级标准体系，它将定量评价与定性评价相结合。根据 Biggs 等的 SOLO 分类评价理论制作评价量规，对反映学习思维训练的成果进行评价，同时修正该模型只针对思维进行评价的弊端，根据本课程教学目标，增加对学生问题理解能力、大数据使用能力的评价（见表4-3）。评价可以采用学生自评、生生互评、教师评价相结合。

（4）独特视角评价思政成效。对课程思政的评价方法之一为，在课程探究报告中能否对课题研究背景和意义进行合理阐述。

表4-3 基于SOLO理论和专业能力制订的探究作业评价量表

指标	权重	不合格	合格	良好	优秀
问题解析	20%	无法理解和分析问题（0~12分）	能理解问题，但无法解决问题（13~15分）	能理解问题以及解决问题（16~18分）	能准确理解问题以及解决问题（19~20分）
数智应用	20%	无法获取、分析大数据（0~12分）	能获取和分析大数据（13~15分）	能准确获取和分析大数据，并能对结果进行解释（16~18分）	能准确掌握大数据，并能对结果进行正确解释（19~20分）
方案提出	20%	无法根据数据分析结果给出解决方案（0~12分）	能根据数据分析结果给出粗糙方案（13~15分）	能根据数据分析结果准确给出方案（16~18分）	能根据数据分析结果准确给出方案，并对文旅实践有一定指导意义（19~20分）
系统关联	20%	无法系统把握问题、数据和方案之间的关联（0~12分）	基本理解问题、数据、方案的关联（13~15分）	能对问题、数据、方案进行系统性陈述（16~18分）	理解问题、数据、方案的系统性，并去除庞杂知识（19~20分）
迁移拓展	10%	无迁移拓展（0~5分）	有迁移拓展，但合理性差（6~7.5分）	能迁移拓展，有一定合理性（7.6~9分）	能迁移拓展，极具合理性（10分）
思政目标	10%	无法理解数字文旅问题的意义和背景（0~5分）	能初步理解其背景与意义，但不能准确描述（6~7.5分）	能描述数字文旅问题研究的背景和意义（7.6~9分）	能准确描述数字文旅问题研究的背景和意义（10分）

第五节　教学效果及展望

一、学生学习效果

初步培养了学生的研究能力。在应用探究式教学的翻转课堂中，越来越多的学生积极主动承担小组的探究任务，探究报告质量明显提升。这些论文的研究对象贴近学生实际生活，研究目的明确，研究内容具体，经过问卷调查或实地考察，给出了具体的改进措施或得出了科学结论。通过论文也看出学生具备了基本的科学研究思维和能力，达到了翻转探究课堂的重要教学目标。

学生从课程基本理论出发，运用问卷调查或者大数据解决实践问题，在此过程中进一步加深了对理论的理解和认识，经历了从"理论"到"实践"再到"理论"的飞跃。这一过程增加了课程教学的深度和广度，促进了深度学习及学术素养的培育，也符合学生终生发展和社会发展需要的必备品格和关键能力的要求。近 5 年，学生基于本课程探究式学习发表论文 8 篇。

二、学生满意度调查

旅游地理学课程每 2 学期开设 1 次，学生人数 140 人左右，2018—2019 学年第二学期信息平台的访问量为 49043 次，人均 350 次。2019 年 6 月 23 日到 25 日，采取普查的抽样方式对学生学习满意度进行调查，调查时告诉学生是为了提高教学效果且看不到填答者姓名，以获得真实有效的数据。调查结果如下。

（1）对微课视频的满意程度。同学们对微课视频的满意度较高，38.9% 选择"非常满意"，48.4% 选择"满意"。

（2）对课堂深度、启发、案例教学形式和教学效果的认同程度。对于课堂上采取的教学形式，94.5%的学生选择了"非常认同"和"认同"，只有4.8%选择了"一般"。对于课堂教学效果，92.9%的学生选择了"非常认同"和"认同"。教学形式和教学效果得到了绝大多数学生的认可。

（3）"旅游地理学"翻转课堂是否能够激起学生的学习兴趣。61.2%的学生选择了"非常认同"和"认同"，30.2%选择了"一般"，说明翻转课堂在一定程度上能激发学生的学习兴趣。

（4）对翻转课堂教学形式和学习效率的认同度。61.9%的学生选择了"非常认同"和"认同"，28.6%选择了"一般"。翻转课堂的学习效率优于传统教学，59.5%选择了"非常认同"和"认同"，32.5%选择了"一般"。翻转课堂的教学形式和学习效率达到了一半以上学生的认可。

（5）对综合素质的提升。旅游地理学翻转课堂是否可以提高综合素质，81.1%的学生选择了"非常认同"和"认同"。

（6）作业量。对于旅游地理学课程的作业量，6.3%的学生选择了"非常大"，27.8%的学生认为"大"，63.5%选择了"一般"，说明课程作业量适中。

综上，旅游地理学课程采取的翻转课堂，课堂深度、启发、案例教学形式和教学效果获得了绝大部分学生的认可，视频质量较高，教学方法能够激发学生学习兴趣，有利于提升学生的综合素质。

第五章

指向深度学习的"旅行社管理与创新创业"一流课程建设研究

第一节 教学目标

课程教学目标的确定主要考虑以下因素。

一、教学环境分析

（1）契合学校人才培养目标。河北农业大学以立德树人为根本任务，将思想政治教育、创新创业教育贯穿人才培养全过程，着力培养具有创新创业精神和较强实践能力的复合应用型高阶专业人才。

（2）符合专业人才培养目标。旅游管理专业以培养具备创新创业精神和专业实践能力的旅游规划策划、运营管理人才为目标。无论是学校的办学定位还是专业培养目标都明确提出了创新创业精神和实践能力的培养。旅行社管理作为专业课，也将课程目标定位于创业精神与实践能力的培养，助力人才培养目标的实现。

（3）教学对象分析。本课程在大三下学期开设，学生已经有一定的专业基础，正在积极寻找就业方向，学生对旅游行业一知半解，不能够客观分析旅游行业，迫切想知道是否适合在该行业就业。

毕业生在旅游行业就业占比较高，多在国内知名企业从事产品设计、销售等核心业务岗位，或者自筹资金创业（很少从事导游工作）。

二、行业需求分析

经过访谈，行业希望毕业生能够熟悉企业运行规律，能够基本胜任营销或计调岗位，具有团队意识，懂得变通，能够获取和分析信息，以及创造性思考和解决问题。

因此课程目标确定为：为旅游行业培养具有一定创新创业能力的经营人才。根据 ABCD 教学目标陈述法，教学目标描述为：学生在学习传统、在线旅行社经营管理基本理论知识的基础上，获得创新创业能力和思维的训练，具备团队合作能力素养、科学决策素养、创新创业素养等。

知识目标：具备在线旅行社和传统旅行社就业时所需的专业知识和管理知识。

能力目标：通过项目式学习和小组合作能够写出一个系统的、逻辑自洽的旅行社企业创业方案；通过实验能够创新性地设计一个旅行社产品。

思维/价值目标：通过以上学习具备科学创业观以及创新思维，爱国敬业，实事求是，科学决策，勇于创新。

第二节　教学方法

在旅行社与创新创业课程中，对分课堂、PBL 和 TBL 成为实现深度教学的教学方法和教学组织模式。这样可以将知识讲授和能力培养在课堂上进行融合，并在此过程中培养学生的创新创业能力。

一、项目式学习

(一) 创业项目设计

根据教学目标，设定项目，即完成"科学规划一家自己的旅行社"创业文案。

要求以小组为单位，完成一个科学合理的旅行社经营方案，覆盖公司创立、市场定位、产品管理、营销管理、风险管理、财务管理、合作商管理、战略规划等，与课程章节内容对应。学生从总经理、产品经理、营销经理、财务经理、客户关系经理、风险经理中选择 1~2 个岗位负责完成相应任务。

该项目具有非良构问题的特征。可以选择传统地接社、定制游旅行社、旅游博主等不同的创业形式，鼓励学生创新。首先提出一个问题："哪个群体会高度依赖旅行社的服务"，建立与学生已有知识的链接，并通过对"你的旅行社会为哪个群体开展服务"的讨论链接现实问题与项目问题。

为了帮助学生完成项目，设计以下项目学习辅助工具：

（1）给出课程学习规划表，见附录 3 表 F3-1；

（2）设计项目甘特图，帮助团队设置项目完成的重要节点和截止日期；

（3）请团队在理解项目的基础上，填写总体任务及分工单，明确分工，见附录 3 表 F3-2；

（4）给出旅行社创业项目评价量表，帮助学生树立学习目标，了解努力方向，详见附录 3 表 F3-3。创业项目成果评价根据教学目标、学生学情制定，以文本格式、系统性、适切性为主，共占比 80%。创造性表达、商业模式创新性、项目管理、团队合作共占比 20%，鼓励学生创新思考和创新性表达以及开展合作学习。创造性表达是指，鼓励学生使用各类认知地图（包括对比图、柱状图、树状图、SWOT 分析法、5W2H 分析法、鱼骨图分析法、六顶思考帽法、金字塔原理、麦肯锡七步分析法）来进行逻辑展示。

（5）利用学习通进行项目阶段任务提交批改。

（二）创新项目设计

利用实验课完成产品创新设计，同时对接文化和旅游部资源开发司等主办的全国大学生红色旅游创业策划大赛。

1. 项目要求

（1）主题要求。以本旅行社客源市场分析为基础，请同学们设计红色旅

游线路产品，围绕红色旅游、红色文化与红色精神进行选题创作，凸显大国
重器、生态文明、社会治理、乡村振兴、城市形象等新时代中国共产党人伟
大壮举及其精神，设计出红色旅游与民俗旅游、乡村旅游、生态旅游、休闲
度假旅游、城市微度假等业态融合发展的创意策划作品。

（2）成果要求。针对目标客户群体，设计差异化的游玩线路，需主题鲜
明、特色突出，详细考虑实践的利用率、路线的科学性、交通的便捷性、景
点内容的丰富性和价格的合理性，最大程度地满足游客需求，同时为运营商
有效节约成本，形成符合旅行社产品设计原则的旅游线路产品。

表5-1对设计一个旅行社线路产品应该做的工作进行了分解，方便学生
深入理解。

表5-1　实验内容分解及思路

实验内容分解	思路及关键点
旅游目的地资源分析	利用旅游资源分类评价方法进行资源评价，尤其关注基于游客体验或者可开展活动角度的资源分类与评价
客源市场需求分析	利用二手数据对旅游景区开展客源市场特征分析和需求分析
提出创新点	根据以上内容明确创新点
开展旅行社产品方案设计	符合旅游产品设计原则：时间安排、路线合理、交通便捷、景点丰富、价格合理。思考特色如何体现、红色如何体现、客户需求如何满足
旅行社产品表达规范化	符合行程基本规范（内容包括线路名称、线路内容、接待标准、注意事项、集合时间点等，或者根据OTA平台格式）
进行价格核算	应用定价方法和步骤对产品进行科学定价
总结阐述产品特色优势	提炼总结产品创新点
产品营销	应用营销理论开展营销管理
考虑如何创新表达	考虑以上内容的创新性表达方式，各类图、表的综合应用

2. 学习成效评价

根据以上内容，设计旅行社产品设计创新成果评价量表，见表5-2。

表 5-2　旅行社产品设计创新成果评价

	优秀（超过预期）	良好（达到预期）	一般（接近预期）	差（未达预期）
前期分析：包括市场分析、资源分析评价、提出问题（20分）	旅游市场分析和资源分析评价方法科学、结论明晰，能有效指导方案设计（18~19分）	旅游市场分析和资源分析评价方法较科学，结论较为明晰，对方案有一定指导意义（16~17分）	有旅游市场分析和资源分析评价，问题不明确（12~15分）	旅游市场分析和资源分析评价不准确，问题不明确（12分以下）
设计方案：包括行程设计、价格核算、产品特色（40分）	行程内容完整无错误、价格核算科学合理、产品特色描述准确（36~39分）	行程内容完整无错误、价格核算合理、产品特色描述较为准确（32~35分）	行程内容较为完整但有少量错误，价格核算方法、产品特色较为合理（24~31分）	行程内容不完整，价格核算、产品特色不合理（24分以下）
产品销售，包括销售渠道描述、创新性设计（40分）	销售渠道非常合理并有创新，设计精美（36~39分）	销售渠道较为合理，表达方式良好（32~35分）	销售渠道较为合理，表达方式一般（24~31分）	产品特色描述不准确，销售渠道不合理，无创新性表达（24分以下）

（三）复盘

在建构主义理论中，复盘是学习过程中十分关键的要素。当学生建构他们自己的意义时，他们会同时从多个方面去审视，在整个项目制学习过程中和项目结束时，给学生留出时间进行有意识的复盘，有助于学生发现他们可能本来想不到的事情：自己学到了什么，感兴趣的点是什么，讨论到哪部分内容时感到特别兴奋，自己是否具备创业或者创新的的潜质，在过程中再做哪些事情会使项目更完美和成功。哪些时刻特别有趣：顿悟、奇怪的小知识、出乎意料地发现了某位同学的优点；关于这个项目，你会永远记得什么？你对下一阶段的学习有什么憧憬？你现在想学什么，怎么学？

教师反思/复盘：项目制学习给学生带来了什么，是否达成了教学目标？学生最在意哪个方面？什么能够激起他们学习的欲望？如何改进教学目标、评价、项目管理等？

二、合作学习

该课程处于第 6 学期，学生专业课程较多，还要参与实习，部分学生还会准备考研，学习压力大；学生经历了专业分流，学习积极性较低；班级较为松散；男同学占比较高。因此本课程尽可能做到在课上完成任务的讨论要点。结合 TBL 的要求，本课程在进行团队分组时主要考虑以下内容。

(一) 分组注意事项

按照每组 5~6 人，分数由负责任务分数×50%+小组作业总分×50% 构成。

分组要求：组间同质、组内异质。确定以下分组原则后，由教师根据学情进行分组，可以适当邀请熟悉班级情况且口碑较好的同学协助分组。

可以根据学生的自我效能、学习方式、学习风格进行分组。需要使用各类量表，如自我效能量表（表 F4-1）；比格斯的修订版学习过程量表，包含深层学习和表层学习两个指标，由 20 道题项构成（表 F4-2）；学习风格量表（表 F4-3）。根据测定结果，不同的分组由不同学习效能感、学习方式、学习风格的同学构成。

更为简单的分组方式采用以下较为显性的指标来保证组内异质。①性别：组内不能全是男生或者女生；②性格：内向和外向的同学相结合；③宿舍：同一宿舍尽量不在一个组；一个宿舍的只能有两个人在一个组；④班干部：两位班干部以上不能在同一个组；⑤组长不能是班委，以让更多的同学获得领导团队开展合作的机会。

分组后，在班里固定座位，一个组坐前后排，方便讨论。如果能够在桌椅可以灵活摆放的教室进行最好。

(二) 团队及任务分工

创业往往以团队形式进行，在这里，更倾向于使用"团队"（team）一词而不是"小组"（group），因为希望学生主导项目，需要他们对团队以及团队项目产生归属感。教师一旦确定了学生将要参与的团队类型，学生就需要知道他们的角色和责任。从任务分工看，角色包括总经理、产品经理、销售经理、财务经理等，见表5-3；从项目管理角度看，角色包括项目经理、助理经理、资源经理、记录管理经理、时间管理经理，见表5-4。

表5-3 项目任务分工中的团队成员、角色和职责

团队成员姓名	角色	职责
1.	总经理、战略经理	
2.	产品经理	
3.	营销经理	
4.	财务经理、风险经理	
5.	客户关系经理	

表5-4 项目管理中的团队成员、角色和职责

团队成员姓名	角色	职责
1.	项目经理	团队领导，指导、支持和协助团队，使团队保持专注；团队的发言人，分配团队任务，每天与教师交流，激励团队
2.	助理经理	承担和项目经理同样的责任，填补缺席的团队成员的角色以减轻项目经理的工作量
3.	资源经理	为团队收集资源，委派团队成员负责某一具体资源，记录并跟踪项目资源
4.	记录管理经理	记录（书面或数字）数据、信息及和项目相关的注解与问题，发送和接收信息，与团队分享最新消息
5.	时间管理经理	通知团队的截止日期和时间期限，为特定活动设置计时器，当时间快到时警告/提示团队，确保团队按时完成任务

（三）合作学习注意事项

良好的沟通技巧是有效开展团队合作的一部分，有助于维持团队的管理和团队保持正确的方向，通过交流，也给彼此提供了相互学习和挑战的机会。要求团队成员遵循小组规范，即便有分歧，也要保证对话是尊重每个人且契合主题的。

三、融合 TBL 和 PBL 的对分课堂

（一）教学过程

首先，根据对分课堂"精讲留白"的原则，对教学内容做减法：①减去不集中的教学目标；②减去多余的教学内容；③减去不必要的拓展和联结；④减去多余的教学手段和方式，如案例互动；⑤减去不必要的习题。

其次，整理课堂教学流程及所需资料。2 课时 90 分钟被分为以下几个环节：回顾、导入、讲授、习题、讨论、提问、总结。同时将项目式学习内容和合作学习方式融入对分课堂环节。

（1）回顾。通过随机提问或抢答的方式，帮学生回顾上节课所讲内容，学生回答后，可以请其他同学补充，最后教师再进行总结。通过这个环节，学生可以加强新旧知识之间的联系，同时也可以尽快进入课堂状态。

（2）导入。这个环节由教师提出一个与本节课密切相关的问题，引发学生思考。

（3）讲授。根据对分课堂"精讲留白"的原则，每节课设计 30~35 分钟的讲解时间。

（4）阅读和习题。阅读时间，主要是解决学生目前不读书的状态，根据精讲内容，让学生对教材内容进行阅读，加以理解消化，并尝试用几句话或者思维导图去总结教师刚才讲授的内容。实施对分课堂后根据精讲的内容重新调整了习题。

（5）讨论。按照既定的创业项目任务和小组分工对本节课内容进行讨论，完成本节课的项目任务。主要包括以下环节：①针对项目要求，先请学生写下自己的观点，要求真实、原创，对应对分课堂中的"亮闪闪"的"亮"；同时写出自己的疑惑，对应对分课堂中的"帮"。②开始轮流展示自己的观点和疑惑以及原因。③开始讨论。鼓励使用计时器，让每个人都去表达。小组

形成决议要点。轮值经理记录要点。教师巡回督促每位同学积极参与。倾听学生讨论，发现问题，适当回答问题，如果有个别同学实在不愿意说话，可以适当鼓励。

每隔 2 周开展一次跨组讨论，负责同一组内容的同学坐在一起进行讨论，增加学生的新鲜感。

平时讨论结果不打分，因为全部内容学完之后，还要对知识加以系统化，所以还有调整。但调整后各自负责的内容作为各自的成绩。

为学生制作"项目讨论记录单"（见表5-5），帮助学生明确讨论任务，进行记录。同时教会学生使用甘特图，以把控项目完成进度（见表5-6）。

表5-5　项目讨论记录单

团队名称		公司名称		
讨论主题				
记录人/值班经理			日期	
发言要点（最好对观点进行分类，思考联系，建议使用思维导图）				
观点总结				

表 5-6 项目初稿完成进度甘特图

	负责人	4.1	4.2	4.3	4.4	4.5	4.6	4.7	4.8	4.9
资源分析		■								
市场分析		■								
活动策划					■	■				
项目创意								■	■	
项目营销								■	■	
集体讨论					■					■
……										

（6）全班交流汇报。包括教师抽查、自由提问、教师总结3个步骤。请2~3组的轮值经理将本组讨论结果向全班进行汇报；请全班同学自由发言，解决各小组的遗留问题；最后教师进行总结。

（7）总结及作业。教师对本节课内容进行总结。作为各小组该部分负责人在课后对讨论要点进行文字落实。课后形成文字，要求语言简练，观点明确，论点有理有据，拒绝直接抄袭课本理论。

（二）实施要点

（1）学习大纲。为学生制作学习大纲并提前发放给学生，包括本课程的课程目标、课时安排、课时学习目标、各课时的学习内容和活动方式，对教材的要求以及对学生的作业、考勤要求和考核方式。

（2）教材。对分课堂要求教师进行框架式、要点式讲解，因此教材非常重要，要求学生人手一本教材。将来教学模式成熟后编制专门针对本课程的"对分教材"。

（3）课堂讲授用PPT。根据项目需求梳理教学内容，按照精讲留白原则精简PPT，PPT包括学习目标、课堂导入、主要内容、教材逻辑结构、小结。其中，主要内容选择与项目相关，并指出为何学、学什么、怎么学。为何学，点出内容的价值和意义；学什么，指的是框架、重点、难点，简讲内容，不展开不论述；怎么学，提供方法、技巧与策略。也可以在学习通配备完整版

PPT，如果学生感兴趣可以继续学习。

（4）习题等其他资源。根据精讲要点准备习题库；搜集各类创业项目策划案供学生学习；搜集全国大学生红色旅游策划设计大赛作品供同学学习；寻找支撑本课程的 MOOC 资源。

第三节　课程思政

一、课程思政教学内容

（一）国家战略——家国情怀，使命担当

旅游业在生态文明、乡村振兴战略中都大有用武之地，帮助学生以更为宏观的视角看待旅游业和旅行社行业的角色和使命，寻找未来的确定性。引导学生阅读习近平总书记关于国家公园、乡村振兴、创新创业的论述，思考旅游业的作用。

（二）创新创业——国之大器，时代精神

疫情带来的行业不确定性迫使教师思考，通过这门课程的学习学生应该获得哪些确定性的能力。经过思考和讨论，创新创业思维的培养、科学创业观的构建成为课程的重要目标。将创新创业思维意识分解为科学决策意识、团队意识、创新意识、产品意识、游戏思维、风险意识、经营意识、合作意识、平台意识等，对应不同的章节和项目式教学任务。

（三）专业修养——唯物辩证，专业能力

关注学生个人可持续发展能力的培养，在知识讲授和案例分析中引导学生采用马克思主义哲学原理看待具体问题。

二、课程思政实现方式

建立了以"课程双创、实践育人"为主的育人模式，让学生在讲授中吸取、在案例中体会、在实践中获得、在交流中激发。

（1）首堂课程，国家战略，使命担当。重视课程第一课，将课程放在国家战略和未来发展趋势下，让同学们意识到学习这门课的必要性，引发学生的兴趣和关注。

（2）课堂重构，动手实践，全面育人。以学情分析为基础，秉承"能让学生做，不让教师说"的原则，构建了"TBL+PBL+对分课堂"教学模式，进行了教学内容和教学方法重构，全面培养学生创新创业思维和能力，建立科学创业观。

TBL即学生以团队方式进行学习，贯穿平时课堂讨论和策划案写作；PBL项目教学方法，具体到本课堂即开展"旅行社创业"项目教学，实践育人。为了让学生积极参与，设定项目为"科学创立一家自己的旅行社"，引发学生高度关注，课上采用小组讨论的方式保证高度投入。项目要求学生写出一个科学合理的商业计划书，并将策划案任务分解到每节课，对应每节课所讲内容，督促学生对所学知识进行消化吸收加以应用，体会创业对于知识和能力的要求，建立科学创业观。

对分课堂。为了留出课上讨论时间，采用对分课堂的模式进行，线上线下结合，精讲内容，把重要的课堂时间留出来让学生动口、动手、动脑。

（3）企业案例，专业精神，专注创新。挖掘并分析名人名企案例、旅游企业创业案例，挖掘分析其中蕴含的马克思主义哲学原理、人生观、价值观等。

（4）实验设计，产品创新，知农爱农。利用8学时的实验课程，围绕红色旅游、红色文化与红色精神进行选题创作，掌握旅行社产品设计方法并鼓励创新产品形式，设计红色旅游线路产品，凸显大国重器、生态文明、社会治理、乡村振兴、城市形象等新时代中国共产党人的伟大壮举及其精神，设计出红色旅游与民俗旅游、乡村旅游、生态旅游、休闲度假旅游、城市微度假等业态融合发展的创意策划作品。

（5）课后育人，专业讲座，指导比赛。邀请收益管理、财务管理、股权分配、乡村振兴、市场营销方面的专家进行授课，开阔学生视野，同时也让学生看到实例和榜样人物。课程结束后，组织学生参加各级红色旅游创意策划大赛和河北农业大学痛客大赛，以开阔其视野，锻炼其综合能力。

三、小结

建立以价值引领为核心、能力培养为手段的课程教学目标，思政育人、教学改革、创新创业教育同向同行，为直接面向就业的专业课程建设提供借鉴。

（1）培养知农爱农型旅游人才。以农业农村旅游资源为实践对象，体现"以旅彰文、以旅彰农"，为培养乡村振兴所需旅游人才提供专业支持。

（2）培养创新创业思维和能力。作为一门专业核心课程，直接面向学生就业，锻炼学生核心业务能力和创业能力，培养学生勇于、敢于创新创业的精神。

第四节　学生激励和教学评价

课程采用多环节评价和过程评价相结合，与教学目标对应，具体如下。

平时成绩：由视频观看、课堂测验、回答提问、参与讨论等多个项目组成，成绩占比20%，重在知识掌握情况的评价。

实验成绩：以本旅行社人群为细分市场，以红色旅游资源为产品开发基础，进行产品创新设计，作业形式为一条旅游线路产品；成绩占比30%；重在创新能力及思维评价。

期末成绩："科学创立一家自己的旅行社"项目方案文本，指导修改后以海报形式呈现并汇报；重在创业能力及思维评价。

　　思维评价部分的指标系统性，是根据 SOLO 理论进行分级，重点考查学生的思维能够达到何种水平，能否将知识进行系统性构建；而适切性则重点考查学生能否迁移拓展，能否根据理论知识解决"自家旅行社"的实际问题。

附录1　合作学习中的表达策略

可以提供给学生能够激发讨论的表达策略：

（1）释义：对他人的观点进行再表述。如"你的意思是说……"。

（2）确定意义：与他人核实，确认其观点的含义。

（3）积极反馈：赞扬他人的有意义的观点。如"我认同你的观点是因为……"。

（4）展开：用案例表述他人的观点。如"我也认可你的观点，因为我曾经看到这样的案例：……"。

（5）加快节奏：通过加快节奏，督促大家更加努力。如"我快速简短地表达我的观点，第一……第二……第三……"。

（6）质疑：有礼貌地表达对他人观点的不同看法，如"我对你的观点有个疑惑，……"。

（7）舒缓紧张：调和不同观点的冲突，缓和气氛。如"大家是从不同的角度看待这个问题的，所以我们会有不同的观点"。

（8）巩固：融合不同的观点，展示两者间的内在联系。如"你们两个人的观点都是从游客角度看，都是为了获得更好的服务"。

（9）改变方式：改变发言的组织形式来促进讨论，如计时发言等。

（10）总结：汇总主要观点。如"我们的观点总结后有4点，大家看还有补充的吗?"

附录 2 "旅游地理学"学生学习规划表

"旅游地理学"学生学习规划表

周次（本课）	章节题目	教学目标	看视频	读文献	提出你的问题	课堂讲授时间、讨论、分散实习主要内容	课后作业/小组作业/主题活动	备注
线上 20 分钟；课堂 4 课时；分散实习 2 课时	课程介绍	学生能够了解本课程的意义、学习方法、学习内容、学习成绩评价方法等	无	参看教学平台		课堂：3 学时。讨论举例：谈一谈自己对本门课程已有的认识与期许。		课前三部曲：看视频、读文献、提问题
	第 1 章 "旅游地理学"概论 1. "旅游地理学"的研究对象 2. "旅游地理学"的研究内容	学生能够了解课程性质、与其他课程的关系等；理解"旅游地理学"研究对象；理解"旅游地理学"研究内容	无	参看教学平台		兴趣小组：了解认知实习题目，了解兴趣探究，快速流程及分工合作，结组（2 学时）。技巧学习：学习查询和阅读文献（1 学时）	查找与课题相关的文献并阅读	

续表

周次（本课）	章节题目	教学目标	看视频	读文献	提出你的问题	课堂讲授时间、讨论、分散实习主要内容	课后作业/小组作业/主题活动	备注
线上 22 分钟；课堂 4 课时；分散实习 4 课时	第 2 章 旅游者行为 1. 旅游者 2. 旅游者动机及活动行为层次	学生能够掌握旅游者分类的依据；了解马斯洛需要理论及其在旅游中的应用；掌握动机的概念、分类及激发，理解旅游者活动行为层次	视频 1：旅游需要（4 分 32 秒） 视频 2：旅游动机（5 分 20 秒）	参看教学平台		课堂：4 学时。讨论举例：思考对于旅游地、了解旅游者就等于成功了一半？兴趣小组：展示并检查查阅文献的成果（4 课时）	个人作业：习题。小组作业：继续文献阅读，并填写表格	上课前准备文献（电子版），带自己的笔记本电脑，想好自己的主题、研究内容
	第 2 章 旅游者行为 3. 旅游者决策行为、空间行为 4. 旅游者空间行为 5. 旅游者行为研究的实践意义	学生能够掌握旅游者决策行为、空间行为的概念及理论；理解旅游者行为在实践中的意义	视频 1：旅游者决策行为（6 分 19 秒） 视频 2：旅游者空间行为（5 分 10 秒）	参看教学平台				

续表

周次（本课）	章节题目	教学目标	看视频	读文献	提出你的问题	课堂讲授时间、讨论、分散实习主要内容	课后作业/小组作业/主题活动	备注
线上 20 分钟；课堂 4 课时；分散实习 2 课时	第 3 章 旅游需求预测 1. 影响旅游需求的要素 2. 旅游需求的时空分布集中性	学生能够理解影响旅游需求的要素；掌握旅游需求资料的搜集手段；掌握旅游需求分布空时空分布的计算公式集中度的计算公式	视频 1：旅游需求的影响要素（9 分 38 秒）	参看教学平台		课堂：4 学时。讨论举例：白石山从哪个方面满足了旅游需求？各个预测数据要什么样？从哪里获取？	个人作业：习题。	课前三部曲：看视频、读文献、提问题
	第 3 章 旅游需求预测 3. 旅游需求预测模型概述 4. 趋势外推模型 5. 引力模型 6. 特尔菲法	学生能够掌握趋势外推法、季节比例预测模型计算所需方的数据和计算方法；理解引力模型和特尔菲法在旅游需求预测中的应用	视频 1：旅游需求预测模型概述（6 分 57 秒）视频 2：特尔菲法（3 分 14 秒）	参看教学平台		兴趣小组：学习制订简单的调研计划（2 课时）	小组作业：制订调研计划	

续表

周次（本课）	章节题目	教学目标	看视频	读文献	提出你的问题	课堂讲接时间、讨论、分散实习主要内容	课后作业/小组作业/主题活动	备注
线上 21 分钟；课堂 4 学时；分散实习 5 课时	第 4 章 旅游地评价 1. 基本概念和理论基础 2. 旅游地分类	学生能够了解旅游地分类和评价的理论基础；理解旅游地的分类方法	视频 1：旅游地分类（3 分 18 秒） 视频 2：旅游资源评价的理论基础（3 分 5 秒）	参看教学平台		讲授及课堂提问：4 学时。 课堂讨论举例：气候和天气是旅游的头号杀手？	个人作业：习题。 小组作业：设计问卷	课前三部曲：看视频、读文献、提问题
	第 4 章 旅游地评价 3. 旅游地的体验性评价 4. 旅游地的技术性评价 5. 旅游地的综合性评价	学生能够掌握专家评价法的内容；理解心理物理学派的评价方法的内容；掌握气候评价方法，理解综合技术评级法的基本思想	视频 3：旅游地的体验性评价（4 分 45 秒） 视频 4：旅游地的技术性评价（9 分 24 秒）	参看教学平台		兴趣小组：兴趣课题、调研计划、指导解答，与各小组讨论研究主题、研究内容、研究方法，预期结果等（4 学时）。 技能学习：如何制作问卷（1 学时）		

续表

周次（本课）	章节题目	教学目标	看视频	读文献	提出你的问题	课堂讲授时间、讨论、分散实习主要内容	课后作业/小组作业/主题活动	备注
线上 16 分钟；课堂 4 学时；分散实习 5 课时	第 5 章 旅游地生命周期与空间竞争 1. 旅游地生命周期理论 2. 旅游地空间竞争	学生能够理解旅游地生命周期理论，了解 TALC 理论适宜解决的问题和有关评述；掌握使用该理论分析某个旅游地的生命周期的能力；理解用于分析空间竞争的引力模型；掌握名山旅游资源空间竞争	视频 1：旅游地生命周期理论（5 分 2 秒）视频 2：旅游地生命周期理论应用（4 分 52 秒）视频 3：旅游地空间竞争（5 分 25 秒）	参看教学平台		课堂：4 学时。课堂讨论举例：哪些旅游景区区万寿无疆？保定市离旅游城市有多远？兴趣小组：检查问卷（4 学时）。分组辅导 技能学习：问卷调查时的注意事项（1 学时）	个人作业：习题。小组作业：修改问卷	课前三部曲：看视频、读文献、提问题
课程实习周，分散实习 12 学时	实地调查	学生能够针对性对性地搜集数据，获取感性认识，为进一步分析解决问题打下基础	无	教师指导	无	室外 12 学时	数据搜集	

143

续表

周次（本课）	章节题目	教学目标	看视频	读文献	提出你的问题	课堂讲授时间、讨论、分散实习主要内容	课后作业/小组作业/主题活动	备注
线上135分钟；课堂6学时；分散实习2课时	第6章 城市旅游与主题公园 1.城市旅游概述 2.城市游憩商业区（RBD）	学生能够了解城市旅游的概念；理解城市旅游吸引1营造的主要内容；掌握城市RBD的类型	视频1：城市旅游概述（45分）	参看教学平台		课堂：4课时。讨论举例：保定市有哪些主题公园？你如何评价？技能学习：如何利用SPSS分析数据？（2课时）	个人作业：习题。小组作业：分析数据	课前三部曲：看视频、读文献、提问题
	第6章 城市旅游与主题公园 3.主题公园的概念、类型和特点 4.主题公园布局的影响因素	学生能够掌握主题公园的概念；了解主题公园的分类；理解主题公园的特性；掌握主题公园布局的影响因素	视频1：主题公园 1 （45分）视频2：主题公园 2 （45分）	参看教学平台				

续表

周次（本课）	章节题目	教学目标	看视频	读文献	提出你的问题	课堂讲授时间、讨论、分散实习主要内容	课后作业/小组作业/主题活动	备注
线上 29 分钟；课堂 4 课时；分散实习 1 学时	第 7 章　旅游环境容量（重点、难点）1. 研究进展概述 2. 旅游环境容量的概念体系	学生能够掌握旅游环境容量的概念；掌握旅游环境容量的计算方法	视频 1：旅游环境容量的概念体系（8 分 16 秒）	参看教学平台				
	第 7 章　旅游环境容量（重点、难点）3. 旅游环境容量的量测 4. 旅游环境容量在旅游规划和管理中的应用	学生能够掌握环境容量的测算方法；理解饱和和超载的概念；掌握一两种景区进行分流的措施和方法	视频 1：旅游环境容量的量测（7 分 42 秒）视频 2：饱和与超载（6 分 36 秒）视频 3：饱和与超载（6 分 9 秒）	参看教学平台		讲授及课堂讨论：旅游拥挤＝旅游环境容量？旅游环境容量测算结果靠谱吗？技能学习：调研报告撰写（1 学时）	个人作业：习题。小组作业：撰写报告	课前三部曲：看视频、读文献、提问题

续表

周次 （本课）	章节题目	教学目标	看视频	读文献	提出 你的 问题	课堂讲授时间、讨论、 分散实习主要内容	课后作业/小组 作业/主题活动	备注
课堂 2 课时； 分散实习 1 学时	第 8 章 旅游交通 1. 旅游交通概述	学生能够了解旅游交通的概念；理解旅游与交通的关系；掌握旅游交通的层次；理解旅游交通的类型及优缺点				课堂：2 学时。 技能学习：如何汇报 （1 学时）	小组作业：	
	第 8 章 旅游交通 2. 特色交通旅游产品	学生能够了解旅游包机，旅游专列、邮轮旅游、房车旅游、自驾旅游等业态及相关的产品设计知识					根据修改意见 修改	
分散实习 6 学时	汇报					汇报探究成果：2 学时。 论文评阅：4 学时		

146

附录 3 "旅行社管理"各类教学材料

表 F3-1 "旅行社管理与创新创业"学生学习规划表

序号	章节	学习目标	课堂讲授教学	课堂项目讨论
第1周（2学时）		对行业和本课程产生兴趣	旅游业发展前景；坚定行业发展信心；对本课程学习产生兴趣	无
第2周（2学时）	第1章 绪论	了解旅行社行业发展史和发展趋势；了解旅行社在现代旅游业发展中的作用；本课程学习方法	介绍旅行社行业发展史和发展趋势；讲授旅行社在现代旅游业发展中的作用	"科学规划自己的旅行社"项目安排；发放"总体任务及分工单"、学习规划表，以及讨论哪些群体会高度依赖旅行社的专业产品和服务
第3周（2学时）		1. 掌握旅行社的定义、性质、分类和旅行社的基本业务； 2. 知道旅行社的分类方法； 3. 知道旅行社设立的基本程序	1. 旅行社的界定和分类； 2. 旅行社的基本业务； 3. 旅行社设立基本流程及其相应的投资成本	在本旅行社市场定位的基础上，讨论本旅行社类型：如组团社还是地接社，是国内旅行社还是国际旅行社，经营商还是代理商，投资成本是多少

续表

序号	章节	学习目标	课堂讲授教学	课堂项目讨论
第4周（2学时）	第2章 旅行社产品开发	了解旅行社产品的内涵、形态、分类；熟悉旅行社产品开发策略	1. 旅行社产品内涵； 2. 通过携程、视频号、小红书等熟悉旅行社产品系列及形态； 3. 旅行社产品开发策略	根据本旅行社规模、类型、客源市场需求分析，参与产品设计还是只是产品零售？做零售商的话，你会选择什么样的产品？做批发商你会选择哪个旅游目的地的地接社合作？如果是地接社，想做哪里的地接社？会选择或设计什么形态的产品？
第5周（2学时）		熟悉旅行社产品设计原则；知道旅行社产品开发的过程	1. 旅行社产品开发过程； 2. 旅行社产品设计原则； 3. 简要分析比赛的要求	讨论本旅行社的产品系列；讨论全国大学生红色旅游策划大赛中线路设计应该包括哪些内容
第6周（2学时）	第3章 旅行社的销售管理	熟悉产品筛选方法和产品创新战略；掌握旅行社定价的方法、步骤和策略	1. 旅行社产品组合和筛选策略； 2. 产品创新战略	讨论本旅行社如何进行产品创新
第7周（2学时）		熟悉旅行社销售渠道管理；掌握旅行社的销售渠道	1. 销售渠道管理； 2. 促销管理	设计本旅行社产品的销售渠道和促销方式
第8周（2学时）	第4章 旅行社客户关系管理	掌握旅行社客户关系管理的概念、客户分类管理方法、管理流程及策略；掌握旅行社供应商、合作商、竞争商的类型，管理方法；能够对旅行社的客户进行分类；能够辨别旅行社的供应商、合作商、竞争商	1. 旅行社客户关系管理； 2. 旅行社产业关系管理	本旅行社的客户如何分类、分级？谁负责处理投诉？如何处理投诉？旅行社是否需要对供应商、合作商进行管理？如何管理？如何面对竞争对手？

序号	章节	学习目标	课堂讲授教学	课堂项目讨论
第9周（2学时）	第5章旅行社的财务管理	掌握旅行社财务管理的概念、职能；掌握旅行社财务管理的内容	1. 财务管理基本概念、职能； 2. 掌握旅行社财务管理的内容； 3. 携程、途牛等上市公司财务案例分析讨论	分析本旅行社主要的收入来源，主要的成本费用，预期利润率
第10周（2学时）	第6章旅行社的风险管理	了解旅行社面临的主要风险；熟悉旅行社风险管理的步骤；掌握旅行社规避风险的主要措施	旅行社常见组织结构；旅行社风险管理	旅行社经营中面临的最大或者特殊风险是什么？针对某一项制定风险管理措施
第11周（2学时）	第7章旅行社的战略管理	了解战略基本理论；理解战略管理的实施；掌握旅行社集团化和国际化的途径；掌握旅行社行业分工体系	课堂测验；重难点讲解；案例分析讨论（1.5学时）	本旅行社的战略规划，以及采用哪种基本竞争战略
第12周（2学时）	总结讨论	1. 总结本门课内容； 2. 指导策划案统整	对本组方案的系统性进行讨论；对照评分标准确定需要完善的内容；汇报1~2组	

表 F3-2　团队创业任务及分工单

任务名称	科学创立一家自己的旅行社
任务要求	给出一个系统的旅行社的创业方案，覆盖设立手续、品牌选择、客源覆盖、产品选择或设计、营销渠道建立、风险管理、组织设计、财务管理、战略规划等。根据任务内容和评价要求责任到人。 参考分工：组长负责内容系统化和项目管理；产品经理负责产品设计和创造性表达；营销经理负责营销管理和商业模式创新；等等。 举例说明：营销经理负责市场营销部分的讨论要点记录、讨论后文字整理、代表小组发言、与其他部分的整合等。

续表

任务分工	
组长/总经理/主理人	职责：
组员1/产品经理	职责：
组员2	职责：
组员3	职责：
组员4	职责：
组员5	职责：
团队合作协议	如果团队成员发生以下问题之一，将被团队解雇，该课程就没有结课成绩： 1. 以各种理由不参加团队讨论活动； 2. 不完成分配的既定任务，包括书面的、口头的、数字的； 3. 其他补充条款：_____
提交成果	1. 小组合作精彩瞬间照片1张，指定照片搜集人； 2. 旅行社创业策划案
成绩评定原则	个人成绩由职责部分分数×50%＋小组作业总评分×50%构成

表 F3-3　旅行社创业项目评价量表

指标	优秀（超过预期）	良好（达到预期）	一般（接近预期）	差（未达预期）
系统性（30分）	思路清晰，内容非常全面，各部分内容具有非常强的逻辑性。（27~29分）	内容全面，各部分内容具有一定逻辑性。（24~26分）	内容基本完整，各部分内容逻辑性有欠缺。（21~23分）	内容不完整，各部分内容逻辑性差。（20分及以下）

指标	优秀（超过预期）	良好（达到预期）	一般（接近预期）	差（未达预期）
适切性（30分）	每一部分都能应用理论结合本旅行社特色给出适当的描述。（27~29分）	大部分内容能应用理论根据本旅行社特色给出适当的描述。（24~26分）	小部分内容根据本旅行社特色给出描述。（21~23分）	照搬照抄课本理论，不能反映本旅行社特色。（20分及以下）
文本格式（20分）	文本格式美观，行文流畅，表述准确，让评价者专注于内容评价。（18~19分）	文本格式美观，行文流畅，表述准确，基本让评价者专注于内容评价。（16~17分）	文本格式整齐，行文基本流畅，表述基本准确，很难让评价者专注于内容评价。（12~15分）	格式杂乱、行文表述不清楚，评价者无法专注于内容评价。（11分及以下）
创造性表达（5分）	文本中有大量可视化图表、思维导图等，或者尝试视频等动态可视化表达，能帮助理解观点，增加吸引力。（5分）	文本中有一些可视化图表、思维导图等，或者尝试视频等动态可视化表达，在一定程度上能帮助理解观点。（4分）	有一些可视化表达，能对观点的理解有少许帮助。（2~3分）	有一些可视化表达，对观点的理解无帮助。（0~1分）
商业模式创新性（5分）	商业模式有一定创新，并将其融入方案。（5分）	商业模式完整，并将其融入方案。（4分）	商业模式有一些思考，但不完整。（2~3分）	商业模式无表达。（0~1分）
项目管理（5分）	团队能制订项目计划；管理时间、材料和科技手段；与教师和其他团队进行沟通；实现所有主要的阶段性目标；经历改进周期；复盘并改善项目流程。（5分）	团队能制订项目计划；大致管理时间、材料和科技手段；与教师和其他团队进行沟通；实现大部分主要的阶段性目标；经历改进周期；复盘并改善项目流程。（4分）	团队在帮助下，能制订项目计划；大致管理时间、材料和科技手段；与教师和其他团队进行沟通；实现大部分主要的阶段性目标；经历改进周期；复盘并改善项目流程。（2~3分）	即使在帮助下，项目管理也失败了，任务不能按时完成或不够完整。（0~1分）

续表

指标	优秀（超过预期）	良好（达到预期）	一般（接近预期）	差（未达预期）
团队合作（5分）	团队能独立开展工作，有效进行交流，一起决策、管理工作，合理分工、整合思路，组员互相支持彼此的创新和贡献。（5分）	团队并不能完全独立开展工作，但努力尝试进行有效的交流，一起决策、管理工作，合理分工、整合思路，组员相互支持彼此的创新和贡献。（4分）	团队需要在帮助和监管下进行交流，一起决策、管理工作，合理分工、整合思路，组员互相支持彼此的创新和贡献。（2~3分）	沟通和团队合作的问题严重，对任务产生影响。（0~1分）

附录4　各种用于学情分析的量表

一、自我效能量表

1. 简介

1977 年，美国心理学家班杜拉（A. Bandura）提出自我效能（self-effi-cacy）的概念，指人们对成功达成特定目标所需能力的预期、感知、信心或信念，是一种主观判断和评估。德国临床和健康心理学家施瓦泽（R. Schwarz-er）认为有一种一般性的自我效能感存在，它指的是个体应付各种不同环境的挑战时对自己能力的一种总体性的自信心，并于 1981 年编制了一般自我效能量表（General Self-Efficacy Scale，GSES）。1995 年，张建新等发表中文版 GSES，包含 10 个项目，采用李克特 4 点量表，克龙巴赫 α 系数介于 0.75 ～ 0.90。王才康、胡中锋和刘勇（2001）对中文版 GSES 进行信度、效度检验，认为结果较好；申继亮和唐丹（2004）施测 GSES，结果表明量表有良好区分度和信度，但效度不良。

2. 中文版 GSES 量表

如表 F4-1 所示。

表 F4-1　自我效能量表（中文版）

题项	完全不正确	有点正确	多数正确	完全正确
如果我尽全力去做，我总是能够解决问题的。				
即使别人反对我，我仍有办法取得我所要的。				
对我来说，坚持理想和达成目标是轻而易举的。				

题项	完全不正确	有点正确	多数正确	完全正确
我自信能有效地应付任何突如其来的事情。				
以我的才智，我定能应付意料之外的事情。				
如果我付出必要的努力，我一定能解决大多数的难题。				
我能冷静地面对困难，因为我信赖自己处理问题的能力。				
面对一个难题时，我通常能找到几个解决方法。				
有麻烦的时候，我通常能想到一些应付的方法。				
无论什么事在我身上发生，我都能应付自如。				

3. 计分方法

被试根据自己情况回答，评分时"完全不正确"记 1 分，"有点正确"记 2 分，"多数正确"记 3 分，"完全正确"记 4 分。

二、比格斯的学习过程问卷

1. 量表主要内容

表 F4-2 比格斯学习过程量表

	完全不符合，从不这样或极少这样	基本不符合，有时是这样	有点符合，大约一半时间是这样	基本符合，通常来说是这样	完全符合，总是这样或绝大多数是这样
1. 我发现学习时常给我一种个人满足感					

	完全不符合，从不这样或极少这样	基本不符合，有时是这样	有点符合，大约一半时间是这样	基本符合，通常来说是这样	完全符合，总是这样或绝大多数是这样
2. 我必须在一个课题上下足够的功夫才能得出自己满意的结论					
3. 我的目标是花最少的力气就能通过考试					
4. 我只认真地学习那些课堂上给出的或课程中出现的要点					
5. 我觉得几乎所有的课题一旦自己钻进去了，就会非常感兴趣					
6. 我觉得大多数新课题都很有趣，因而经常用课外的时间去学习，希望能从中获得更多的知识					
7. 我对所学的学科不大感兴趣，因此我总是拿最低分					
8. 我学习靠死记硬背，即使不能理解的东西我都会反复复习，直到用心记住为止					
9. 我觉得研究学术性课题时犹如看一本小说或一部电影般令人兴奋					
10. 重要的题目我会进行自我测试直到我能完全理解为止					
11. 不用对知识的理解而靠记忆关键内容，我能顺利通过大多数考试					

续表

	完全不符合，从不这样或极少这样	基本不符合，有时是这样	有点符合，大约一半时间是这样	基本符合，通常来说是这样	完全符合，总是这样或绝大多数是这样
12. 我通常只学习那些有明确要求的内容，我认为没有必要看任何课外材料					
13. 我努力地学习是因为我觉得学习的材料有趣					
14. 我花大量的课外时间研究更多的在不同课上讨论过的有趣的题目					
15. 我发现深入地研究题目是无帮助的，这样常常会使人混乱并浪费时间，只要随便了解一下题目就可以了					
16. 我认为教师们都不希望学生花大量重要的时间去学习那些人人都知道不会考试的内容					
17. 我常常带着我需要解答的问题上课					
18. 我决心坚持阅读大多数与课堂学习有关的有提示性的读物					
19. 我不复习考试中不可能出现的内容					
20. 我认为考试合格的最好方法是设法背熟有可能考的题目答案					

2. 计分方法

首先，找到问卷中的反向计分题。然后，将每个反向计分题的原始得分从最大分数（例如，5分制量表中的5分）中减去，再加1。例如，如果一个题目的原始得分是 3，那么反向计分后的得分应为 $5-3+1=3$。在对每个子量表的得分进行求和之前，请确保对所有反向计分题进行了翻转。这将使得问卷得分更准确地反映学生的学习方法和策略。

三、Kolb 学习风格理论

1. 量表简介

Kolb 认为，学习风格是一个人偏好的感知与加工信息的方法。描述具体—抽象的感知方法和描述积极—沉思的信息加工活动，这两个维度的组合构成了一个描述四种不同学习风格的模型。如表 F4-3 所示。

表 F4-3　学习风格量表

学习风格	学习者特征	学习倾向
发散型	善于从不同的角度观察具体情境，有广泛的艺术文化兴趣，喜欢收集信息，对人际交往很感兴趣，具有丰富的想象力和情感	喜欢小组活动，喜欢开放地倾听，喜欢接收他人的反馈。他们在诸如"头脑风暴"的学习情境中能有很好的表现
同化型	善于以精细的、逻辑的形式处理各种不同的信息，可能不太关注人际交往，但对抽象的理论和概念比较感兴趣，认为理论比实际的价值更重要	喜欢阅读、听讲座，希望腾出时间进行全面的思考
集中型	擅长发现观点和理论的实际用途；通过不断探索的方式来解决问题、做出决定；喜欢技术性的任务，不喜欢社交和人际交往方面的工作	善于用新的观点、模拟来尝试实践，喜欢实验室的任务和实践应用
顺应型	比较善于执行计划并愿将自己投身于新的或富有挑战性的工作中；倾向于将内部的感情表达出来而不加逻辑分析；在解决问题时，较多地从他人那里获取信息，而不是依靠自身的技术分析	喜欢与人合作来完成任务，设定目标，为完成一个项目会尝试不同的方法

2. 量表设计范例

"旅游地理学"课程学生学习风格问卷调查

亲爱的各位同学：

请填答以下问卷，以帮助教师更好地完善本课程教学安排。

请根据自己的情况对每个问题的四个选项按照适合程度以1、2、3、4进行排序：[1=最不像你；2=第三像你；3=第二像你；4=最像你]。将数字填在每个选项前的括号中，请勿重复或漏填。

示例：当我学习时，<u>3</u>我是很强调分析的；<u>1</u>我依自己的心情而定；<u>4</u>我喜欢自己先问自己问题；<u>2</u>我重视学习效用。

感谢你的配合！

"旅游地理学"课程组

问题	A	B	C	D
1. 当我学习时，	□我喜欢加入我自己的感受	□我喜欢观察与聆听	□我喜欢针对观念进行思考	□我喜欢实际操作
2. 我学得最好的时候，是当……	□我努力完成实习作业时	□我相信我的直觉与感受时	□我仔细聆听与观察时	□我依赖逻辑思考时
3. 当我学习时，	□我试着将事情想通	□我负责所有的实习作业	□我有强烈的感受与反应	□我是安静、谨慎的
4. 我学习是利用……	□观察	□思考	□实作	□感觉
5. 当我学习时，	□我能接受新的经验	□我会从各个层面来思考问题	□我喜欢分析事情，并将其分解成更小的问题	□我喜欢试着实际动手做
6. 当我学习时，	□我是个行动型的人	□我是个直觉型的人	□我是个观察型的人	□我是个逻辑型的人

问题	A	B	C	D
7. 我学的最好的时候，是从……	□学习理论时	□试做及练习时	□与同学讨论时	□观察时
8. 当我学习时，	□我会在行动前尽量准备妥当	□我喜欢概念及理论	□我喜欢看到自己实习作业的成果	□我觉得整个人都投入到学习中
9. 我学的最好的时候，是……	□我依赖自己的感觉时	□我依赖自己的观察力时	□我依赖自己的观念时	□自己试着做一些事情时
10. 当我学习时，	□我是个负责的人	□我是个值得信任的人	□我是一个审慎的人	□我是个理智的人
11. 当我学习时，	□我喜欢评估事物	□我喜欢积极参与	□我是非常投入的	□我喜欢观察
12. 我学得最好的时候，是……	□我非常小心时	□我分析想法时	□我实际动手做时	□我接受他人看法，开放心胸时